知的生きかた文庫

贅沢を味わい質素も楽しむ

吉村葉子

三笠書房

はじめに
この「シンプル&心地いい」は一生もの!

ようやく最近になって、**幸せのありかた**が見えてきたような気がいたします。

といっても今、このページを開いてくださっているあなたに、私が思っている幸せが当てはまるかどうかは、わかりません。

それは最大多数の最大幸福などといった大げさなものではなく、私たち一人ひとりが現実を直視し、**「これでいいんだ」**と思えるような、ささやかなもの。

迷いや不安を消しさり、心のよりどころとなる、たしかな価値があるものだと思っています。

本著では、パリ時代のたくさんの親友たちに、登場してもらいました。

彼女たちは、職業も立場もいろいろですが、どなたも**「自然さ」**が信条。

そして、おしゃれについても一家言《いっかげん》おもちの面々です。いえ、彼女たちにはおしゃれよりむしろ、**「幸せを実感できる暮らしの価値観」を語ってもらった**といったほうがいいでしょう。


彼女たちが、パリジェンヌの沽券《こけん》にかけて、こう突っぱねるところが潔《いさぎよ》くて、私は、好きです。

「お金なんて、あってもなくても私には関係ないわ」と。

彼女たちは、お金のあるなしにかかわらず、ファッションも愛も、日々の暮らしも、めいっぱいに楽しみ、魅力的に輝いています。


……時間がたつのも忘れ、明け方までアパルトマンの居間で、仲間たちとおしゃべりに興じたひとときのこと。バゲットをたてに割って板チョコを挟んだだけの、自家製のパン・オ・ショコラをほおばる瞬間の甘い香り。ボタンを、骨董市で見つけたヴィンテージボタンにつけ替えたら、魔法にかかったように素敵になった着古したコートのこと。

日常を彩る色や形、味や空気のにおい、人肌のぬくもりが心を満たしてくれるのを感じるとき、彼女たちは私に、笑顔で口々にこういうのです。

「セ・ラ・ヴィー！　これが人生よ！」

「人生で、なにを重視して、なにを捨てるか」という考え方や、日々の暮らしを賢く満喫する方法、そして、贅沢もシンプルも楽しむ生き方を、彼女たちが教えてくれました。

そのおかげで今、どんなときも、しみじみと幸せを実感する私がおります。

それではこれから、向こうっ気の強い彼女たちの本音トークをお楽しみください。

お金はもちろん、気負いも気どりも、不要です。

肩の力を抜いて、もっと深く息を吸って、「今ある幸せ」を味わおうではありませんか。

今までとりこぼしていた、新たな「幸せ」を手にすることも、できるでしょう。あなたの24時間に、ひいては人生に、思いもよらなかった素敵な魔法がかかることを、お約束いたします。

吉村葉子

もくじ

2章

大人のチャーミングを磨くには、ポイントがあります

――手間も時間もかけずに〝見た目〟の魅力をUPする秘訣は？

3章

「エレガント」と「セクシー」が両立するとき

――男も女も憧れる魅力的女性とは？

4章
自由とナチュラル感をまとって、生まれ変わる！
――さなぎから蝶へ！　変化は目の前です！

5章

今すぐ、笑顔でいっぱいになる、大人のための魔法！

――人生で、本当に「大切なもの」を逃さない！

1章

上質なコミュニケーションこそ、〝現在《いま》〟をより面白くする秘訣

——「自然な自分」をこんなふうに表現すれば、さらに愛されます

美しさを保つ秘訣は〝自分に正直に生きる〟こと

エステティックの本当の意味

エステティックという言葉は、今やシャンプーやコーヒーブレイクと同じように日本語として定着しています。ところであなたは、エステティックの本当の意味をご存じですか。

といっても、私にそのことを教えてくれたのは和仏辞典でした。「美学」という言葉をフランス語でなんというのかしらと、和仏辞典をくってはじめて知ったのです。そこには、esthétiqueというのが正確なつづりで、美学、審美学、感性論とあります。エステティシアンといえば人物を指して、本来は美学者。そしてこの項目の最後には、私たちを納得させるためであるかのように、美容師という意味が載っています。

辞書を引きながら私は、フムフムと哲学している気分になったものです。そうか、美しさの原点を学ぶのが美学のはずだから、生活のエステティックがあって、エステティシアンがいてもおかしくないですね。ほんの一分ほどのあいだ、新大陸を発見したときのコロンブスの心境に浸ったものです。

週になん枚も、大小まちまちのエステティック・サロンの優待割引をうたった派手な宣伝が、新聞の折り込み広告に入ります。ダイエット・サロンも多く、自嘲《じちょう》気味ながらも一枚ずつ目を通している私です。それにしても、莫大な宣伝費を使ってもペイするほど、世の中の女性はエステ通いをしているということなのでしょうか。

お財布にお金があまっているからといって、顔や体ばかりをせっせと磨いていても、美しさの原点を学ぶはずの、エステティック本来の意味から遠のくばかりです。私たち人間にとって、顔や手足の肌が大切なことはいうまでもありませんが、要は中身。その人がなにを考え、どう生きていくかが肝心です。エステティック・サロンのベッドに横になり、エステティシアンの努力の甲斐《かい》あってあなたの肌が、生まれたての赤ちゃんのようにスベスベになり、ボディーが硫黄温泉につかったようにヌルヌルになっても、数日もすればもとの木阿弥《もくあみ》。

それにくらべれば、考え方ひとつを変えることで体の芯《しん》まで美しく生きられるのですから、心のエステこそ侮《あなど》れません。なんといっても、こちらはタダか、せいぜいかかっても本代くらい。ムダな出費をすることもなく、ただ、ご自分の人生を美しく生きようとする願望だけがあればいいのです。

これが答えです——人生を、美しく生きるには

こう申し上げながら私は、マダム・ジャヴロというひとりの女性のことを思い浮かべています。中世史の権威でもある彼女は、日本人フランス人を問わず私にとって生き字引のような存在です。といっても、マダムに学者然としたところなど微塵《みじん》もありません。

せっかちでひょうきんなマダム・ジャヴロの第一印象は、カトリックの慈善

事業に熱心なおしゃれな有閑《ゆうかん》マダムといったところ。彼女は十六区のブルジョワ育ちなのですが、その実、気どったことが大嫌い。わがままぞろいのパリジェンヌにあって、寛容と知性あふれる、本当の意味でのエレガントな、私の理想とする女性です。

マダムならきっと、フランス人にとって、人生を美しく生きるということがどんなことかのヒントを、私に教えてくださるにちがいありません。マダムのことを思うにつけ、いつしか自動的に私の手は彼女のパリのアパートの電話番号を押すのでした。

00 33 010 33 14……。ルルルル……、アロー。いつものマダムの声が、受話器の向こうからはっきりと聞こえます。

「ボンジュール、お元気。ご家族、ご主人もお嬢さんもお元気？

……、なに？　美しく生きることについてのインタビューですって、私に？

美しく生きるには、さまざまな側面があると思うけれども、どんなときにも正直に生きることではないかしら。自分の意思に、忠実に生きること。長い人生がハッピーなことの連続のはずはありませんから、都合の悪いこともある。ほかの人に迷惑をかけてしまうこともあるでしょう。または、ほかの人から迷惑をこうむることもあるかもしれません。

でも、**なにがあってもウソをつかないで正直に生きることが、美しく生きることだと私は信じます。**

それと**善の継続**がとても大切だと、私は思います。

思いつきで行動するのは、たとえそのときに人々の役に立つことでも、とても品のないことではないかしら。まあ、人助けは、しないよりしたほうがいいけれども。

宝くじが当たったからといって、大金を慈善事業に寄付しても、日ごろの行いがよくなければ褒《ほ》められることではないでしょ。それよりも毎日、弱い人たちに愛の手を差し伸べることができる人が尊い。

身寄りのないご老人に優しい言葉をかけること。彼らが少しでも快適に生活できる工夫はないものかと、思う気持ちが大切。人種的な偏見も見苦しいですし、お金やもので人の価値を計るのも、卑《いや》しいことです。

　そうね、やはり善の継続が、美しく生きることだわね。マジメさこそ、善だわよ。

　でも、どうして今日に限って、美しく生きることの意味を私に問うの。日本にも美しく生きることの見本があるはずよ。サムライの生き方は、ヨーロッパ中世の騎士道に似ているようで、はるかにモラリズムが強いではないですか。今のジャポンが混乱しているからといって、悲観することはないのよ。日本だけが、とくに悪いわけではありません、フランスも同じよ。ところで、次はいつパリに……」

人生も料理も、この「当たり前のこと」が大事

　マダム・ジャヴロの当たり前のような話の中に、真理があると私は思いました。

　継続の大切さについては、私の友人であるすべてのフランス人の価値観がそ

うなのです。たとえばフランス料理にしても、フランス人は絶えず本来の味にこだわります。七〇年代から八〇年代にかけて、ヌーヴェル・キュイジーヌという、食材の新鮮さと軽さと見た目だけで勝負する料理が一世を風靡《ふうび》したことがありました。ブームは十年ほど続きましたが、跡形もなく潰《つい》えてしまったのです。そしてその後にまた、本来のフランス料理の復活です。

人生を料理にたとえるのもどうかと思いますが、本質をしっかり見据《す》え、本当の姿を見失わないことが、フランス人のフランス人たるゆえんでしょう。そうした確固たる自信をもって美しく生きることが、心のエステにちがいありません。

継続ともうひとつ、いい古された言葉のようですが、マダムのおっしゃる**正直さもまた、人生の質を向上させるための金言**です。

海外でも通用する、ウィットに富んだおしゃべり術

はじめに言葉ありき

フランス人が、世界一といえる三つの種目はなんだと思いますか。

ウィンタースポーツはまずまずですが、フランス人が陸上や格闘技に優れているという話は聞きません。フェンシングでも、乗馬でもありません。やはりフランスといえば文化です。フランスが世界に誇れるのは、ファッションとグルメですから、それで金メダルがふたつ。それでは三番目に授与される金メダルは、いったいなんなのでしょう。

衣食が出たところで次は、おおかた住ではないかしら。そんなあなたの想像は、残念ながらはずれ。私見ですが住については、お隣のイギリスに軍配を上

げたい。フランス人が獲得する三番目の金メダルは、**コミュニケーション術**につきると、私は確信します。

よきにつけ悪しきにつけフランスの政治家が、外交手腕に長《た》けているのは周知のことですが、一般市民レベルでも、コミュニケーションの達人がたくさんいます。

最近はわが国でも、コミュニケーション学科を設置している大学がふえました。今や「沈黙は金なり」とか「いわぬが花」、「巧言令色《こうげんれいしょく》、すくなし仁《じん》」の時代は終わったかのようです。国際社会を泳ぎまわるには、寡黙《かもく》ではやっていけない時代になりました。おしゃべりな私の自己弁護のようですが、なにごとも「はじめに言葉ありき」。わが国もようやく、暮らしの中のコミュニケーションの大切さに気がついた証拠にちがいありません。

「はじめに言葉ありき」の出典が聖書だからというわけでもないでしょうが、カトリック教徒がほとんどのラテン系の人たちは、おしなべておしゃべり好き。その中でも、おおらかさが身上のイタリア人とちがい、やたらと理屈をこねまわすのがフランス人。イタリア人といっても南のナポリと中部のローマ、北部のミラノでは人々のメンタリティーがちがいます。人々の性格を国単位でひとからげにするのは乱暴なようですが、便宜上そうしておきます。

それでは次に肝心の、**フランス人の話し方の基礎**を申し上げましょう。もっとも彼らの巧みさは、ときとして辛辣《しんらつ》さと同義語になるのですが。

フランス流〝話し方教室〟

まず彼らは、主語を明確にすることを忘れません。日本語を学んでいる外国人の多くがぶつかる壁も、そこにあります。日本語は、主語がないからむずかしいと、外国人学生たちは嘆きます。

「昨日、映画を観ました」というセンテンスを、おかしいと思う日本人はいません。ところが外国人がそれを聞いたとしたら、いったいだれが映画を観たのかしらと首をかしげざるをえません。

私たちは曖昧《あいまい》にしているつもりがなくても外国人にとっては、主語のないセンテンスは首のない動物のようだというわけです。そして**主語のない会話がいみじくも、自らの立場をはっきりさせたがらない日本人の性格を、浮き彫りにしている**ともいえるのです。パリ生活の二十年がなかったら私も、そのことに気づかずじまいだったかもしれないと、東京に戻ってすぐに思ったものでした。

　フランス人の仲間たちから私は、なん度同じことを指摘されたことでしょう。フランス語では主語を省くことはできません。ですから私はつい nous《ヌ》という、英語の we に相当する「私たち」を主語にしゃべってしまう。たとえば、こんなふうにいおうものなら、たちまち私は居あわせただれかしらの鋭利な刃物で、バッサリ切り返されたものでした。

「私たちは、チームワークを乱すような人よりも協調性のある人を人格者だと思う傾向にあります」といった私の話が終わらないうちに、こうです。

「みんなはそうかもしれないけれど、ヨーコはどう思うの」と。

　切り返された私は仕方なく、自分のいったことの責任をとらなくてはなりません。たとえば、こんなふうに。

「今までの日本なら、チームワークを守れる協調性の高い人が評価されていましたが、これからはちがう。これからはフランス人のあなたのように、強いパーソナリティーの人材が求められると、私は信じます……」などなど。おしゃべり仲間たちが聞きたいのは一般論ではなく、私の意見。人格をもったひとりの女の意見なのです。

彼らの要求に慣れ、フランス人の彼らに伍《ご》してしゃべれるようになるまで、いくらかの年月を要しました。フランス語のレベルの問題もさることながらそこには「私」、フランス語の je《ジュ》 を前面に押し出さなければならないという、ある種の拷問にも似た試練をかいくぐらなくてはならなかったからです。

どれだけ喧嘩をしても、平気なのはなぜ？

議論好きのフランス人に鍛えられたおかげで私は次第に、あーいえばこういう、ちょっとやそっとの議論をしかけられてもびくともしない、強靭な精神の持ち主になれました。喧々囂々《けんけんごうごう》の議論が白熱し、いつのまにか仲間たちが敵と味方に分かれても、彼らはいたって平然としたものです。大喧嘩《げんか》をしているそぶりを演じながらも彼らは、議論のための議論だということを熟知しているからなのです。ですから議論に終止符が打たれたとたん、敵と味方で角突きあっていた人たちが和気藹々《あいあい》。

「はじめに言葉ありき」の彼らにとってしゃべることがすなわち生きることであるように、パリで暮らす私にとっても、しゃべることは生きることに直結していたといっても過言ではありませんでした。

そして彼らの論理、ロジックに慣れるにしたがい私には、あることが明確に見えてきたのでした。

コミュニケーションの目的って?

それは、相手をより深く知ることにある。

しかも、ただ知るだけでなく、**相手の長所を発掘することにある**という趣旨のもとに、フランス人のコミュニケーションは成り立っています。議論もまたコミュニケーションですから、相手を知る上での試金石にほかなりません。

少なくとも私がお付きあいした人たちは、そうした善意が通じる人たちでした。おしゃべりをしたことで、おたがいが不愉快になるようでは、コミュニケーションの成功とはいえません。人間関係を円滑にするために、えんえん時間をかけておしゃべりをする。ときには週末のバーベキューの、お肉のこげるにおいをまじえ、またはディナーのテーブルを囲んで。

彼らとともに過した私の最大の収穫は、**上質なコミュニケーションこそ、人生をより面白くする秘訣**だということを体得したことにちがいありません。

わが家のサロンに集《つど》う、最高に素敵な人たち

親の親友は、子供にとって大切な師

子供に私は、いったいなにを残すことができるでしょう。

お金や不動産を少しばかり残しても、めんどうなだけ。それよりもひとり娘に、**私がいなくなった後に彼女とお付きあいしてくださるような人々を残せたら**と、あるとき私は思ったのでした。

そのきっかけになったのは数年前、フランスのロワール流域はノアンという美しい村にある、ジョルジュ・サンドの館を訪れたときのことでした。

当時のままに再現した食卓に並んだ、彼女が絵柄を描いた食器。窓際に並べられてある彼女の息子のモーリスと娘のソロンジュの肖像画の数々。さりげな

くソファーに置かれていた、手編みのセーター。カーテンや敷物にまで、私の大好きなジョルジュ・サンドの気配りがそのまま息づく館。訪れた人たちを暖かく迎えた彼女の包容力が、そこでくり広げられたサロンの醍醐味《だいごみ》を私に伝えてくれたのです。

田園小説というジャンルを確立したサンドの作品の中で、私がもっとも好きなのが『愛の妖精《ようせい》』です。麦畑や雑木林の陰から、今にも主人公のファデットが飛び出してくるのではないかと思うほど、あたりは書かれた十九世紀の姿をとどめているのです。

精力的な作家活動のかたわら彼女は、パリで活躍する名士や文学者たちを、ノアンの館に招待しています。あのバルザックも訪問客のひとりでした。

お料理好きのサンドはパリからの客人を、彼女の美味しい手料理でもてなしました。お得意のデザートは、チョコレートを使ったものだったそうです。くわえタバコの男装の麗人が本当は、お料理上手だったということは、ノアンを訪れた人たちにしか知られていないようです。

ヴェルサイユ宮殿の一室や、パリで一番美しいとされているヴォージュ広場に面した貴族の館など、それまでになん度も私は、過去にサロンが開かれていたところにいきましたが、このときのノアンの館ほどリアルに、その真髄《しんずい》を教えてくれた場所はほかにありません。

フランスのサロンというと、みなさんは一部の特権階級の人たちの優雅な趣味にすぎないとお思いになるかもしれません。たしかに歴史に刻まれているのは、書簡文で知られる貴族のセヴィニエ夫人のサロンとか、ポンパドゥール夫人のそれですね。男爵と結婚したことがあるサンドのそれもまた、その部類のサロンにちがいありません。文化に造詣《ぞうけい》が深く、芸術を愛する女主人が中心になり、隆盛を極めていたサロンがそれです。

その意味では華やかなサロンは、もっともフランスらしい存在といえるでしょう。ところが、そうした彼女たちのサロンがフランス史に彩りを添えている一方で、ごくふつうの人々もまた、サロンの雰囲気を楽しんでいたのです。そして今なおフランスでは人々のあいだで、サロンを楽しむ気持ちが継承されているのです。

サロンには、二通りの意味がある。

サロンには、前述したセヴィニエ夫人やジョルジュ・サンドが**名士たちを招いて開いたサロン**と、もうひとつ、**アパートや家屋の応接間という意味**もあります。いらした方に寛《くつろ》いでいただく応接間もまた、紛れもなくサロン。今でもフランスでは、応接間や居間をサロンといいます。

食事を終え、テレビを観ながら一日の疲れを癒す場所がサロンなら、気のあった仲間を招いてのアフタヌーン・ティーをするのもサロンです。そしてサロンに集う人たちの一人ひとりが、その家のマダムやムッシュ、ひいては子供たちにとって大切な人というわけなのです。

そして家族が憩《いこ》うそこでは、全員が守らなくてはならないエチケットがあります。夫が嫌いな人は入れない、妻のイヤがる人は入れないというぐあいに。家族の全員が信頼をよせる人たちだけが、その家のサロンへ入室を許される。

あたかもそこに人格が宿っているかのように、サロンはプライドの高い場所でもあるのです。

子供に残すのは、この無形の財産だけでいい

外からいらっしゃる方々にも、同じように家族の方々に対するエチケットがあります。

招く側も招かれる側も、人間性を問われることになるのがサロンです。オーバーなようですが、暮らしのエレガンスにもつながる、私たちの正念場ともいえるのではないでしょうか。

たとえばあなたが今、パリのどなたかフランス人のお宅に、アペリティフに招かれたとします。アペリティフというのは食前酒のことを指しますが、同時に夕食前のひとときの語らいのときのこともいいます。夕方の五時か六時からの夕飯がはじまるまでと、時間が限定されているのがアペリティフです。

食前酒のことといっても、目的は招かれたお宅で供されるお酒ではなくて、

おしゃべり。ですからあなたは、外のカフェでご主人とおしゃべりしているときとも、マダムとランチをしながらおしゃべりをしているときともちがって、気持ちを切り替えておく必要があります。たとえ招かれたお宅のご主人に恋心を抱いていたとしても、マダムがホステスをつとめる彼女のお宅のサロンに一歩足を踏み入れる前に、そんな邪心は捨てておくことです。

そこに揃う全員と親しくするのがあなたの義務ですし、同時に、そこにいらっしゃる**どなたともそれ以降、仲よくする権利を授かったことにもなる**のですから。

パリの、ちょっとだけ生活にゆとりがあって、文化に理解のある方のサロンに、私もたびたび伺いました。その家のマダムが、音楽家の卵をみなさんにご紹介したいからという趣旨のこともありました。近々、個展を開くというアーティストを囲んでということもしばしばでした。そのときに親しくなり、日本に戻ってからも頻繁に手紙やメールのやりとりをしている方もたくさんいます。

セヴィニエ夫人やジョルジュ・サンドが活躍したときとは、時代がちがいます。だいいち彼女たちの住んでいたような邸宅はパリにもないのですから、東京にあるはずがありません。

それでも、今に暮らす私たちなりに、彼女たちが残してくれた雰囲気だけでも活かし続けられたら、どんなにすばらしいでしょう。みなさんがぜひ、お呼ばれしたいと思ってくださるようなサロンができたら、なんと幸せなことでしょう。

訪れてくる人、一人ひとりと親愛の情を交わしあい、信頼しあえるということが、私たちの人生でなによりも素敵なことだと、私は思います。人の輪が広がれば、大人になった子供もやがて、その輪に加わることができますもの。

私が母親として自分の子供にしてやれることがあるとしたら、**私が出会った人**という私有財産の分与以上のものはありません。

さあ、今日からあなたの家の応接間のことも、リビングといわずにサロンと呼ぼうではありませんか。

お料理ひとつにも、この自己表現が必要です

むずかしい外国語より、簡単な和食を覚えるほうが10倍トク

「フランスで暮らしてみたいけど、言葉ができないし……」

そうおっしゃる方が、けっこういらっしゃいます。たしかにフランス語はむずかしい。中学からえんえんと習っていた英語とちがいますから、単語を聞いてもちんぷんかんぷん。少しばかり大学でかじったくらいでは、フランス人のいっていることがわからなくて当然です。

かりにあなたがフランスに発たれる前に、しゃかりきになってフランス語を覚えたつもりになっても、到着したシャルル・ド・ゴール空港の職員が話しているいる言葉であなたの耳が聞きとれるのは、せいぜいメルシーとア・ボングらい

だけ。「ありがとう」のメルシーと、「アッ、そうなの?」のア・ボンです。

だからといって悲観することは、まったくありません。

もしも出発前にフランス語会話を詰め込もうとする気持ちがあなたにおありなら、そのエネルギーを別のところにお使いになってはどうでしょう。どうせ通じない単語をねじり鉢巻で暗記する時間があったらぜひ、**見るからに日本料理らしい日本料理の作り方**を覚えて、フランスにいかれることを私はおすすめします。

言葉でコミュニケーションができないのならその代わりに、お料理を介してフランス人と意思の疎通をはかればよろしいのです。

美しい日本料理といっても、懐石風に手の込んだものはいりません。作るのはあなたなのですから。和食の有名な板さんが作るようなお料理とちがうからこそ面白い。

パリで、日本人のあなたとお付きあいしたいとお思いになるマダムもムッシュも、まちがいなく日本に興味のある人たちです。ですから彼らに、美味しくてジャポネスクな和食を、あなたの手で作って食べてもらう。

あなたという女性を理解してもらうためには、それに勝る自己表現を私は思いつきません。ただし、あなたが画家で、ご自分で描かれた油絵やデッサンをおもちなら、話は別です。あるいはあなたが音楽家で、あなたの部屋にある楽器で日本の曲を奏でられるならば、話は別です。


フランス人がグルメなのは、周知のことです。そして実際に彼らと長く付きあっている私が思うのには、**彼らは私たちが考えているよりもさらにグルメでグルマンなのです。**グルマンというのは大食漢のことですから、胃袋の大きさという物理的な尺度。グルメは食通のことですが、食に対する好奇心はほかの国の人よりも、だんぜん旺盛な人たちだと私は確信します。

イギリス人よりもドイツ人よりも、もちろんアメリカ人とは比較にならないほど、フランス人は自他ともに認めるグルメで、食に対する興味はそうとうなもの。日ごろはおすまし顔のマダムも茶目っ気たっぷりなムッシュも、グルメでないフランス人を私は知りません。

ですからあなたがお作りになるカラフルな日本料理に、世界で一番、大げさに感動してくれるのが、フランス人にほかなりません。

エレガントな卵焼きから広がる友人の輪

それでは次に、フランスであなたが作りやすい日本料理について、お話ししたいと思います。

私は料理研究家ではありませんが、ここでは私のキャリアだけを信じてください。パリのフランス人に、二十年間でなん度和食を食べてもらったことでしょう。なん種類もの和食をなん回となく作った実績があります。

私の家のドアを開けたとたん彼らのだれもが、キッチンから漂うエキゾチックな香りに不思議な気分を味わっていることを隠しませんでした。そしてテーブルの上に用意しておいた、食前酒のアペリティフ用のおつまみを見て彼らは、摩訶《まか》不思議な形と色の料理に驚き、次に口に入れて歓喜してくれました。そうなれば後は、前菜とメインデッシュにも同じように好意的な反応をしてくれるはず。

お食事がはじまる前、シャンパンやチンザノやシェリーのアペリティフに、よく私はサイコロのような卵焼きを作りました。前菜の前のおつまみですから、甘さは控え目。色鮮やかに茹《ゆ》でたインゲンとニンジン、プラムを細かく刻み、溶き卵で固めます。

フランス人にとってはオムレツのはずの卵焼きが、定規で測ったように正確なキューブになってしまっただけでも驚異です。加えて卵の黄色に緑と赤と黒のコントラストの妙が、いやがうえにも彼らの関心を引くのです。白い大きなお皿の真ん中に、一センチ間隔で並んだ一センチ角の、緑と赤と黒がのぞく黄色い卵焼きは、彼らにとって食のエレガンスといっても過言ではありません。

なにごともはじめが肝心。最初の一皿の感動が、次に運ばれてくる料理への期待感を高めるのです。

Sushiもまたしかりで、先進国の諸都市ではこの十年、和食がブームを呼んでいることは、あなたもご存じのはずです。回転寿司も話題ですが、パリにもロンドンにも、ブリュッセルやローマにも必ず、高級な日本料理店がなん軒かあります。親日感情があってもなくても、グルメを自認する方々は日本料理を口にしているはずです。ですから今さら、お醤油のにおいが嫌いだなんて流行遅れなことをのたまうご仁はいませんし、もしいたとしても、そうした人たちは好き好んでパリの日本人に近づいたりしないもの。ですからあなたは、プロの作る本格和食を念頭に置かずに、身近な材料で手軽に作れる、ジャポネスクな料理をお作りになるといいと思います。

食器はどうするの、食材はどうするの?

あなたが訪れるところは、秋田県や北海道とはわけがちがいます。あなたが一度は住んでみたいと望むのは、わが国から一万キロも離れたフランスの地。パリにご主人の駐在が決まり、日本から大量の家具や食器が運べる方はともかく、ご自身の希望で滞在を決めたあなたは、正式な和食器をパリまで運べるはずがありません。食材にしてもそうで、日本からあなたが持参できるのはせいぜい紙のように軽い海苔《のり》くらいなものです。

パリの雑貨屋さんで求めた、パリっ子がいつも使っている白い食器の上に、あなたの手にかかって日本料理に変身した、朝市のマルシェに並んでいたキュウリを載せるからこそ、彼らに驚嘆の気持ちを喚起させるのです。

パリの和食屋さんでいただくお料理よりも、あなたが工夫してお作りになるもののほうがはるかに、食のエレガンスにかなうと、フランス人が思うこと請けあいです。

これを書いているおかげで私は、パリに滞在した二十年間の思い出に浸ることができました。パリで暮らしたいと、心密かに願っていらっしゃるあなた。どうぞあなたも勇気を出して、パリ滞在の夢を実現してください。微力ながら私があなたを応援します。

「わがまま」なほうが探せる、心のこもったプレゼント

飾り棚に並んだ、ブルトンの絵皿

「このお皿に描かれている女の子、可愛いでしょう。

私が幼いときにお祭りのたびに祖母が着せてくれた、ブルトンの民族衣装なのよ。レース飾りがついたボンネットに刺繍のブラウスに、紺の大きなスカート。懐かしくてつい、手が出てしまったわ。フランスの地方が大好きだといってくれるあなたのために、アンリオのショップで買ったのよ」

親友のリリアンが私にプレゼントしてくれた、アンリオ製の陶器の白いお皿。フランスの最西端、大西洋に張り出したブルターニュ地方の町、カンペール一番の名産品が、一六九〇年創業のアンリオ社で焼かれているお皿なのです。

頑固で偏屈で一徹者と、フランス人のだれもが太鼓判を押すブルトン（ブルターニュ人）のリリアンは、一度親しくなったらとことんお付きあいができる、パリっ子にはいないタイプの海のにおいがする女性です。ある年のクリスマスに彼女が私にくれたのが、真ん中に男の子と女の子が描かれている、ひし形をしたアンリオの絵皿でした。

あるときは焼きたてのビスケットを載せて、コーヒーブレイクに、またあるときはピクルスを載せて、食前酒のアペリティフのテーブルに、それはわが家で大活躍の一枚です。

使用頻度が高いお皿なのに私は、お客様がお帰りになったらそれをキレイに洗い、食器棚ではなく飾り棚に戻すことにしています。ほかの家具や本と一緒にパリから、日通の国際引っ越し便で運んできた飾り棚の真ん中の段の中心が、そのお皿の居場所。

そのお皿を使いたいときにはいつも、ガラスがはまったルイ王朝風の飴色に底光りする、ピカピカに磨かれた飾り棚をおもむろに開け、とり出すのです。

どうかご想像ください、そのときの儀式にも似た私のしぐさを。食器棚から当たり前にとり出されたお皿に盛られるよりも、ガラス張りの美しい飾り棚からもったいぶってとり出したお皿に載せられたほうが、ビスケットもピクルスも美味しそうに見えないでしょうか。

わが家の狭いダイニングキッチンの隅で、低い天井に届かんばかりに存在を主張している飾り棚。テーブルの上に新聞が広げてあっても、お醤油の香りをふりまきながら夫が、神楽坂名物の毘沙門せんべいをバリバリやっていようとも、どっぷり日本的な空間にありながら、飾り棚のあるコーナーだけがいつも、ばっちりおフランスしているのには笑えます。リリアンからのプレゼントだけでなく、そこは私の思い出の宝庫でもあるのです。

早朝のパリ、クリニャンクールの蚤《のみ》の市で出会った、一九〇〇年代のおもちゃやアクセサリーも並んでいます。地方にいくたびに必ず立ちよることにしていた、古道具屋の埃《ほこり》まみれのガラスケースの中から私に、ここから出してパリに連れていってくれと懇願した銀の壺もあります。この世のものとは思えないほどの景勝地、ペリゴール地方のブラントームという村で入った骨董品店に飾られていたコーヒーカップ。なんの気なしに求め、家に戻って洗剤で洗うと、底になんと一八五三年製のティファニーと記されているではありませんか。掘り出し物という点ではそのコーヒーカップは、飾り棚の優等生。

ベルギーの、絵にも描けないほど美しいブルージュの町で見つけた、ボビンレースの花びん敷。ポルトガルのマデイラ島のおばさんから高く買った、麻糸のレース編み。数えたことはないけれど、ガラス越しの飾り棚は玉石混交、蚤の市さながらの賑わいです。そして同じ場所で親友からのプレゼントが、別格の光彩を放ち続けているのです。

リリアンからもらったお皿のすぐ横にある、ソラマメ型のブローチを眺めるたびに私の目に浮かぶのは、にこやかに微笑むダニエルとヴァスチャンのこと。たまにとり出して銀磨きでこすらないと、すぐに輝きを失ってしまうブリキのブローチに映る、学生のころの彼らの顔です。

喜ばれるプレゼント選びのコツ

「ふたりで選んだこのブローチ、気に入ってもらえるといいけれど。いつかルーヴル美術館に一緒にいったとき、エジプトの部屋でヨーコが長いこと眺めていた金細工があったの、覚えているかしら。あの金細工のレプリカのブローチを、ヴァスチャンが見つけたの。本物ではないけれども、似あうと思うわ」

それは同じアパートに住んでいたダニエルとヴァスチャンが私の誕生日にくれた、とくに大事なブリキのブローチです。

パリ祭を終えて翌朝、バカンスに出発するパリっ子は多く、ダニエルとヴァスチャンも毎年、ふたりして決まってその日にどちらかの実家に向かったのでした。

娘と私は、彼女の学校が終わるや飛行機に乗り、蒸し暑い東京で夏を過すことが多く、パリ祭に居あわせたのは数回しかありません。たまたまパリ祭をパリで過すことになったときは前夜祭とばかり、私の家で食事会をすることにしていたのです。

といっても当日になって隣人や、暇そうにしている親友に声をかけるだけで、大げさなものではありませんでした。支度といってもワインと、薄切りのバゲットにイクラやスモークサーモン、ハムやチーズを載せたカナッペと、デザートに果物をたくさん盛ったタルトを用意するくらいなもの。なんのイベントもないと淋しいからお友達を呼ぶという程度の、簡単なパリ祭の前夜祭です。

そんなある年のこと、娘がそばにいたダニエルたちに、前夜祭の今日はママのお誕生日だと、屈託なくいってしまったのです。

フランスでプレゼントといえば、クリスマスかお誕生日に決まっています。カップルにはほかに、結婚記念日に相当する日が加わるのですが、それ以外の日に目的もなくプレゼントを上げることは、子供相手でもまずありません。その分、特別の日のプレゼントの重みが、ズシンと増すことになるのです。

ですからその晩、私と親しくしているダニエルが私の誕生日を知らなかったときの落胆ぶりも、お察しいただけることでしょう。

「オーッ・ノーッ」というや、ヴァスチャンの胸に顔を埋めてしまったダニエル。それでもそのときは、知らなかったことをくよくよしていてはその場の雰囲気も台なしだと思ったのか、そのまま私たちのパリ祭の前夜祭は賑やかなうちに幕を閉じ、翌朝には彼らも故郷に旅立ったのでした。それから数回、私たち不在のパリ祭が過ぎました。

そして十年ほど前になりますが、たまたま私たち母娘がパリ祭のときにパリに居残った年、久々に前夜祭をしたのです。そしてその晩、彼らからもらったのが件《くだん》のブリキのブローチだったのでした。

パリ祭が近づくと毎年、ダニエルとヴァスチャンは、自分たちがプレゼントを忘れたその日のことを、思い出していたにちがいありません。

アンリオのお皿とブリキのブローチのほかにも、私の飾り棚の中にはまだまだ、思い出に残る品々がいくつもあります。私がもらったプレゼントだけでなく、娘が親友からもらった、子供の手でひねった粘土の器もあります。異常なほど厳格だった娘の小学校の女教師がくださったカードなどもまた、限られたスペースをよりフランスらしいものにしてくれています。

お財布のヒモが固いといってはそれまでですが、プレゼント選びをするときにフランス人は、根性の人になります。小物のどれにも、私を歓ばせたいと**誠心誠意で探してくれた彼らの気持ち**が凝縮されているのです。

歳をとって暇になって、ガラクタの収納庫になった飾り棚から一つひとつ小物をとり出し、思い出にゆっくり浸れる日が、今から楽しみです。

マナーよりエスプリが大事！「食」の快楽主義

品性が、はっきり表われる食事シーン

品行は少々悪くてもかまいませんが、品性の下劣さは困りもの。品行と品性の両方がいいに越したことはないけれども、どちらか一方なら私は、**品性**を選びます。

レディーファーストとか食事のマナーなど、品行はムリをすれば修正できますが、思いやりや謙譲などの品性については直すのがむずかしい。ご本人の性格や価値観にかかわることですし、個性にもつながるからです。個性は生まれながら固有の性格ですから、学習や躾《しつけ》でどうにかなるものでもありません。そして個性と紙一重の**品性がはっきりと表れるのが、食事シーン**なのです。

ドーバー海峡を越えただけで、イギリスとフランスは言葉も異なれば民族もちがいます。かたやアングロ・サクソンが英語をしゃべり、一方ではラテン民族がフランス語をしゃべります。一般論にすぎませんが、両国の国民性も極端にちがいます。そしてなによりも食まわりに、イギリスとフランスの差が顕著に表れるのです。

フィッシュ・アンド・チップスとロースト・ビーフしかなかった時代は終わり、最近ではイギリスの食事も美味しくなりましたが、それは以前にくらべてのこと。フランスよりも美味しいものが多くなったわけではありません。こんない方をすると、親英派の方々に異論がおありかもしれませんから、あくまでも私見とおことわりした上で申します。

私たち日本人にとって明らかに、フランス人よりイギリス人のほうがお付きあいしやすい。英語がフランス語よりも私たちにわかりやすいのも、イギリスを好きになる要素です。ともに島国気質という共通点については、私としては一概に賛成しかねますが、穏やかな国民性といい、まちがいなくイギリスに軍配は上がります。わがままで頑固なフランス人にくらべれば、ホスピタリティーに富んだ彼らの包容力こそ、称賛に値するといっても過言ではありません。ただ一点、食事のマナーが相変わらず厳しいことをのぞけば。

テイクアウトのお店がパリよりロンドンに多いのも、マナーがやかましいレストランでの食事に当のイギリス人たちが辟易《へきえき》しているのではないかと思うのは、私のうがちすぎでしょうか。

イギリスのレストランで、まず問題になるのは品行で、はじめにお行儀ありき。近い将来、イギリスがフランスを押しのけてグルメ垂涎《すいぜん》の国になろうとも、そのことに変わりはないでしょう。

一方のフランスのレストランではどうかといえば、当のフランス人のお行儀がよくないせいで、エトランゼの私たちでも臆《おく》することなく食事ができます。フランス料理は肩がこるとおっしゃる方が多いようですが、それは誤解です。カロリー面が気になる以外は、**食事はあくまでも楽しくいただくのがフレンチの信条**なのです。

少なくとも本場フランスならば、三ツ星で評価される最高級レストランにしても、堅苦しさとは無縁です。話題の高級店には世界中から予約が入りますから、いつも満席を意味するコンプレ状態。かといって京都の老舗のように、一《いち》見《げん》さんおことわりということは、絶対にありません。

人種、階層といったすべてがとり払われているのが、フランスのレストランの美点でもあります。

フランスのレストランは、フランス人が愛の次に大切にする自由の、見本のようなところでしょう。

パリの「ル・グラン・ヴェフール」へご一緒に

それではこれから私が、あなた方ご夫妻をパリのレストランにご案内いたしましょう。今晩のメンバーは、私の夫をふくめて四人。

せっかく疑似体験するなら、パレ・ロワイヤルの美しい回廊の一角にある最高級レストランで、特上のお料理とワインを堪能《たんのう》しようではありませんか。

「ル・グラン・ヴェフール」というのが、私がこれからあなた方をお連れするレストランの名前です。

私たちが近づいたのを察したのか、ドアが内側へ静かに開きました。パリの高級レストランが自動ドアのはずがありませんから、ドアボーイが開けてくれたようです。

「ボンソワール・マダム」と呼びかけられたのですから、私たちも**「ボンソワール・ムッシュ」**でお答えしましょう。マダムといわれたからといっても、予約している旨を伝えるのはエスコート役の男性の役目。私の夫が、こう答えます、「マダム・ヨーコの名前で、四人の予約をしているのですが」と。私の場合、予約はいつも、ヨーコの名前と決めています。どこの国にいってもヨーコが日本人の名前だということは、知れわたっているからなのです。スペリングを聞かれても、YOKOの四文字なら、まちがえようがありません。タキシード姿の、メートル・ドテルと呼ばれる支配人がにこやかに私たちを迎え、そのまま席まで案内してくれます。

今晩、このレストランを選んだのには、私なりに理由があります。パリに三ツ星の高級店はなん軒もありますが、「ル・グラン・ヴェフール」ほど、絢爛《けんらん》たる歴史に彩られたレストランはほかにありません。天井と壁に描かれたフレスコ画と金箔をふんだんに施した豪華なインテリア。煌《きらめ》くシャンデリアの下で、きびきび立ち働く黒服のギャルソンたち。ビロードの長椅子の背もたれの上の壁に、磨き抜かれた銅板が光ります。

時計の針がとうに八時を過ぎているというのにまだ、私たちのほかにお客様はいませんから、その銅板の一枚一枚に彫られている文字をよく見ることにいたしましょう。通路脇の角の席の背もたれにはヴィクトル・ユゴーとあります。ほかにもコレット、ジャン・コクトーなど、フランスを代表する文人たちの名前があるではありませんか。その場所はかつて、偉大な文豪が定席にしていたことを記す記念の銅板なのです。

私たちのトレ・ビアン、トレ・ビアンの声に気をよくしたかのように、タキシードの支配人が私たちを奥まった席に案内してくれました。座る順序は当然、女性のあなたと私が壁側の上席。あなたの前には私の夫、私の前にはあなたのご主人が座ります。いつのまにきたのか、若いギャルソンがおもむろに、男性陣が座りやすいように椅子に手をかけます。

「ル・グラン・ヴェフール」といえば、高級シャンパン、テタンジェ社の経営です。私たちが注文するまでもなく食前酒のアペリティフ用に、シェフからのプレゼントのシャンパンが届き、おつまみのアミューズ・ブーシュがテーブルの真ん中に置かれました。

まずはあなたと、あなたのご主人の健康に乾杯！

しばらくするとギャルソンが、メニュをもってきます。本日の特別料理は、前菜ならブルターニュ産のオマールのサラダ。メインは鶉《うずら》か、ノルマンディー産の仔羊あたりでいかがでしょう。デザートはフランス人好みの、あたたかいスフレをあなたが、あなたのご主人と私の夫はシャーベットだけ。せっかくですから私は、ミルフィーユにしましょう。

注文をとりにきたギャルソンに、それぞれの要望を伝えるのは夫です。全員が別々のお皿を注文したというのにギャルソンは、メモのひとつもとりません。ここほどのレストランですと、ギャルソンはお客様の注文を書きとらずに暗記しなくてはならないのです。

あたりを見まわすと、いくつかのテーブルがお客様で埋まりはじめています。数分して今度は、大きなワインリストを抱えて、金色のブドウのブローチをつけたソムリエの登場。ワインを注文するときこそ、私の夫の出番です。さすがの品揃えに驚きの色を隠さない夫が選んだワインは、ボルドーの九六年物のシャトー・マルゴーでした。

高級レストランにあふれる、意外なユーモア

待ちに待ったお料理が私たち銘々に運ばれ、注文したワインがまずは少量だけ、夫のグラスに注がれます。グラスのワインを口に運んで味見をし、「ウィ、トレ・ビアン」を合図に、あなたと私とあなたのご主人、最後に私の夫のグラスにワインが注がれます。平日だというのに、店内にはひとつの空席も見当た

りません。

ナイフとフォークがぶつかりあい、どこかでワインの栓が抜かれる低い音がします。極上のワインのほのかな酔いも手伝い、トーンの上がった人たちのおしゃべりと、ギャルソンたちの受け答えする声が聞こえます。かすかに伝わってくる厨房の喧騒と、レストラン内のあらゆる音という音が人々の笑いと共鳴。音全体が室内のデコレーションにぶつかり、クリスタルのシャンデリアに反射します。今、このときにしか聞くことのできない興奮がシンフォニーのように、レストランにあふれます。これこそレストランのオーナーやシェフたちが望む瞬間、コンヴィヴィアリテ（宴会気分）にちがいありません。

フランスのレストランには、ワインを飲まない人を気の毒がるムッシュはいても、食事のマナーの悪さをとがめる人はいません。パンをテーブルクロスの上にじかに置こうが、フォークを右手にもち替えようが、そんなことはだれにとってもどうでもいいこと。和気藹々に盛り上がった宴会気分があれば、それでいいのです。

空になった私のグラスに気がついた、先のタキシードのムッシュが飛んできました。お酒に弱いからとワインを辞退した私に、彼はこういったのです、天井を指差して。

「マダム、あそこに小鳥が一羽、ほら飛んでいるでしょ」

「エッ？　どこ、どこにいるのかしら」

天井に小鳥を探した私の耳に、トポトポトポ。私の空いたグラスに彼が注ぐ、ワインが奏でる音でした。

幕間の余興のような寸劇に、私たちだけでなく、お隣のテーブルの人たちをも巻き込んで笑いの渦が起こります。

こんなユーモアが、夜ごとパリのレストランに充満しているのです。あなたもお行儀よりも、**そこに居あわせただれもが寛《くつろ》ぎ、共に食す歓びをわかちあおうとする心遣いこそ大切**だと、お感じになるのではないでしょうか。細かな礼儀作法なんてナンセンス。小気味いいエスプリこそ会席の醍醐味と信じるフランス人は、食のエレガンスの達人です。

2章

大人のチャーミングを磨くには、ポイントがあります

――手間も時間もかけずに〝見た目〟の魅力をUPする秘訣は？

お化粧のポイントはアイメイク

若い肌には安コスメ、マダムの肌には……

ペット王国、ブランド王国、そしてコスメ王国。

思いつくままに、わが国のみに突出した部分を挙げてみますと、この三つになります。ここでは三番目のコスメについてお話ししてみましょう。

今や女子高生は当たり前。中学生や小学生まで、メイクしている女の子を見かけます。さすがに小学生ですと親の顔が見たくなりますが、彼女たちはなんと誇らしげにメイクをしていることでしょう。

ギャルたちがご活躍の国は日本だけとみなさんはお思いでしょうが、メイクについてはフランセーズも早い時期から、なかなかおさかん。リセの高校生ならば、ごくふつうにメイクします。コレージュと呼ばれる中学ですと、メイクしはじめた女の子に向かって、女性の先生方がこういうでしょう。

「Oh là là !」

「オ・ラ・ラ」という場合はいつも半ば呆《あき》れて「おや、まあ！」という意味で、驚いて見せるときに使われる間投詞なのです。

わが国のデパートのお化粧品売り場とフランスのそれは、とてもよく似ています。そして売られている商品も、日仏でほぼ同じ。

ゲラン、ランコム、マダム・ロシャス、シャネルにサン・ローラン、ディオール、ロッシュやエヴェンヌ、マリー・クワント。アメリカ生まれのエスティ・ローダーやヘレナ・ルビンスタイン、レブロン。肝心の資生堂とシュウ・ウエムラもあります。パリのギャルリー・ラファイエットやオ・プランタンといったデパートの、入ってすぐの人目につきやすい一階にあるのは、わが国のデパートと同じです。気候や湿度が日仏ではちがいますから、売られているクリームやローション、ファンデーションなどにふくまれる成分に若干の相違がある程度です。

目立ったちがいといえば、日本での小売価格はフランスよりもだいぶお高く設定されていることでしょうか。輸入品ゆえのお値段の範疇《はんちゅう》を越え、まるで高品質を価格が証明しているかのような高値。

そしてもうひとつ、日仏のコスメ事情に大きなちがいがあるのです。

それはコスメの主役。わが国は若い女性主導型ですが、フランスの主役はマダム。フランスで高価なコスメを買えるのは、四十代近くなった女性たちといってもオーバーではありません。ごく限られた層のフランセーズとフランスを訪れる旅行者、私たちのような外国人が高級コスメのクライアントなのです。もしくは、ご主人からマダムへのバースデーやノエルのプレゼントとしても有名ブランドのコスメがよく登場し、とくにゲランの栄養クリームやシワとりクリームあたりが、プレゼントの定番です。

フランセーズは年齢と正比例して、鏡の前に座っている時間がふえるといわれていますが、私たち日本の女性もそうでしょうか。鏡の前にいる時間となると、私たちは若い女の子たちに負けてしまいそうですね。

フランス製の有名コスメは、ルイ・ヴィトンやシャネル同様、フランスの貴重な輸出品。ですからフランス製のルイ・ヴィトンが、東京メトロの車内でのほうが、本家のパリやリヨンの町なかでよりも多く目につくように、有名コスメも外国でよりたくさん使われているというわけです。

フランスでは、若い女性や女子大生、女子高生が買えるのは、せいぜいスーパーに並んだちゃちなプラスチック容器入りのお安いものだけです。マツキヨやセイジョーで売られている、五百円以下のコスメだと思えばいいでしょう。十代や二十代のフランセーズの化粧ポーチから、高級コスメが出てくることなど、フランスではまずありえないことなのです。

なにはなくてもマスカラをお忘れなく

コスメ事情の次に、フランセーズのメイク術についてお話をしましょう。

実はこれに気がついたのは私ではなく、娘の友達のダニエルでした。よほどお母さんっ子なのか、うちにくるとダニエルはよく私の部屋に入ってきては、あれこれと私に質問するのでした。フランス人にとって、不思議に感じられる日本人のことを、ダニエルは私に聞くことにしていたようでした。

「ねえ、どうしてジャポネーズのだれもが舞台俳優みたいに、ファンデーションで顔を塗りつぶすの？　**肌がキレイなのだから、塗ることないのに。そのわりにジャポネーズは、アイメイクが薄い。**私たちは目にしかお化粧をしないのに、まったく反対なのはどうしてなの？」

白粉のイメージが残っているのでしょうか。それとも美白ブームのせいでしょうか。たしかに日本人は年齢に関係なく、肌にファンデーションを塗ります。ダニエル以外のフランセーズにも以前、同じことを指摘された覚えがあります。顔全体を塗ってしまうから、ジャポネーズは年齢不詳なのだとも。

そのときに私は、たしかこういったはずです。日本の資生堂のクオリティーが高いので、若い日本女性の肌にファンデーションがキレイにつきすぎてしまうのよと。実際Shiseidoは、おしゃれなパリっ子のあいだでは、格別な評価を受けています。なにがすばらしいって、カバー力が万全。しっとりと白磁のような肌を演出するには、資生堂が一番という女性もけっこういるのです。

フランセーズのメイクの話に戻りますと、彼女たちにはここでも年相応の意識が反映されるのです。若くて肌がキレイなうちは、ふだんはファンデーションを使いません。使ったとしても、にきびのあとを隠す程度に薄く塗るだけ。そのかわり念入りにていねいに、目にアクセントをつけるのです。

着る服に合わせてシャドーを塗り、ときにハイライトを使い、アイラインを引きます。服選びは目の色に関係します。そして仕上げのマスカラは絶対に忘れません。どんなスーパーでも、マスカラとアイラインの色揃えは豊富です。黒や茶は当然ですが、明るいブルーと濃紺、グリーンも最低で二種類はありますし、グレーやニンジン色もあります。そしてせいぜい口紅とチークぐらいで、オー・ド・トワレを首のあたりにひと吹きして、マドモワゼルたちは颯爽《さつそう》と出かけていくのです。

女性の顔の中心は目だと、フランセーズは確信しています。髪にはカラーリングをしますが、彼女たちの目の色は一生変わらないのですから。だれもが自分の目の色に合わせてアイシャドーやアイラインを選びます。そしてここ一番というときは、自らの個性を前面に出して、ばっちりアイメイク。

よく見るとフランセーズの顔じゅうの産毛が、太陽を受けて金色に輝いているではありませんか。素肌にクリームを薄く塗っただけで、シャンプーしたての髪をなびかせている彼女たち。どこもかしこもナチュラル志向かと思えば、目もとだけは例外。そのコントラストが、若さの象徴でもあるのです。

目は口ほどにものをいいの諺《ことわざ》もあります。カラフルな目の色は望めないまでも、彼女たちのようにアイメイクを強調して、素肌メイクを実践してみようではありませんか。

外出の予定がないことに託《かこつ》けて、朝から晩まですっぴんでいるあなた。ファンデーションがめんどうならせめて、アイメイクで気分を引き締めるという手もありますよ。

靴から生まれるエレガントな姿勢

さあ、背筋をピンと伸ばして、かかとをつけて

おしゃれが上手、メイクが上手、スタイルが抜群など、エレガントな女性にはいくつか特徴があります。ところがセンスがよくて雰囲気がある、町で見かける彼女たちを観察すると、なかにはノーメイクの人も、とり立ててスタイルがいいわけではない人もいます。

それではなにが、彼女たちをエレガントな女性に仕立てるのでしょうか。

あなたはお気づきでしょうか。

彼女たちのエレガンスの最大公約数が、**だれもが一様に姿勢がいい**ことだという点に。佳人を評して古くからいわれている、立てば芍薬《しゃくやく》、座れば牡丹、歩

く姿は百合の花のたとえは、女性の美しい姿勢なくして成り立たないということに。

ブランド品をもっているわけでも、高価な装いをしているわけでもないのに、フランセーズがおしゃれに見える秘訣も、そこにあるのです。つまり、**姿勢こそエレガンスの基本**にちがいありません。

そのことに気がつくと同時に私は、あることを思い出したのです。ほんの小さな断片にすぎない記憶を、過去になん度思い出したことでしょう。

それはまだ、私のまわりに幼い子供たちがたくさんいたころのこと。有名なマルシェがある場所として知られるムフタール通りの幼稚園に、パリで生まれた娘が通いはじめたころのことでした。

毎朝八時半、緊張と期待があい半ばする思いで、三歳にならない娘を幼稚園に送り届けるのがそのころの私の日課でした。そして迎えにいくのは午後の四時半きっかり。終業、といっても幼稚園ですから勉強はしませんが、終業のべルが鳴り、重たい扉が開くのがその時間でした。

平日ですと、子供を迎えにきている人たちにママは少数派でした。きている男性のほとんどがパパでしたが、ベビーシッターの男子学生もちらほらいました。全体の半数はファム・ド・メナージュと呼ばれるお手伝いさんか、ベビーシッターです。あるいはベビーシッターをかねたお手伝いさんのこともありました。ママ、ベビーシッター、お手伝いさん、パパなど、さまざまな保護者に手を引かれて家路につく子供の中に、やけに頑丈そうな靴をはいている幼児がいることに私は気がついたのです。それもひとりやふたりではなく、なん人もいるではありませんか。

体重が十数キロの子供が、濃紺の重たい革靴をはいている。それも登山靴のようにくるぶしの上まで、きっちり編み上げになった同じ形の靴を、なん人もの園児がはいているではありませんか。

朝から晩まで一度たりとも靴を脱がない靴文化のお国柄とはいえ、軍靴のようなごつい靴をなぜ通園にはくのか、私は不思議でたまりませんでした。かといって娘に聞くには、彼女は幼すぎます。だれにも聞くに聞けず、私の子供靴への疑問は日々、募るばかりだったのです。

今のように聞きたいことを即座に質問できるようになったのは、在仏生活が十年目を迎えたころからだったかもしれません。そのころの私はあまりフランス語が得意ではない、日本人の若い母親でした。

真っ直ぐ、美しく歩けるようになるまでは矯正靴

そんなある土曜日のことでした。勤めがない土曜日はママかパパが、子供を迎えにくる日ですから、幼稚園で仲よしのルシールと、その日の午後に公園で遊びたいという娘の願いをルシールのパパに伝えたことから、私の頭の隅にこびりついていた兵隊靴への謎が解けたのでした。ルシールは問題の兵隊靴をはいている園児のひとりだったのです。

ルシールと娘を公園で遊ばせながら、ルシールのパパのジャン・ルイと私は、目で子供たちの安全をたしかめ、おしゃべりを続けたのです。

そして私はかねてより気になっていた、ルシールのはいている靴に話題を転じたのでした。するとジャン・ルイがこういって、兵隊靴について詳しく教えてくれたのです。

「ルシールがはいている靴が矯正靴だということを、知らないのですか？　日本には、生まれつき歩行に癖がある子供がいないということなのかな？

定期健診のときに、小児科ドクターが赤ちゃんの足を調べるでしょう。ルシールの場合、一歳の健診のときに先生から指摘されました。幼児期のうちに矯正しておかなければ、足に癖のある、変な歩き方をするようになりますよと。だから先生の指示で、立てるようになった時点であの矯正靴をはかせました。でも、小学校に上がる前までに直ってしまいますから、そのほうがいい。

ああして足首とかかとをしっかり固定することで、足癖がつかずに真っ直ぐ歩けるようになるし、姿勢も完璧なものになる。三カ月で靴を買い換えなくてはなりませんが、健康保険で全額カバーできますから、親の経済的な負担はありません。

足は歩き方だけの問題ではありません。娘の歩き方がおかしくなったり、姿勢が悪い女性になったりするのは勘弁してもらいたい。

でも、それだけではありません。姿勢がよくないと、内臓や脊椎《せきつい》にも悪影響が出ます。つまり**足は、健康の源ですからね**」

たしかに定期健診でもよく、小児科の先生は娘にこうおっしゃっていました。あそこの壁際まで、歩いていってごらんなさいと。または、あそこの壁際まで、走ってごらんなさいと。

ジャン・ルイの話を聞きながら、娘のホームドクターの意図が私の考えていたこととは別にあったことを知ったのです。小児科医が子供に歩かせたり走らせたりするのは、単に子供が歩けて走れることを確認するだけではなかったのです。

フランスでは親たちが、子供が歩けて走れることだけでは安心しない。子供のころから彼らは、**背筋をピンと伸ばして真っ直ぐ、そして美しく歩き走ることを意識して育てられる**というわけなのです。

重たい兵隊靴をはいているルシールが、その靴をはかなくてもちゃんと歩けて走れることを、私たち母娘は知っていました。以前、彼女がわが家にきて遊んだときには、靴を脱いだ娘のまねをして、ルシールも兵隊靴を娘の部屋で脱いだのです。

そのときに私が見た限り、彼女の歩き方に異常があるようには思えませんでした。ルシールはごくふつうに部屋中を歩き、ときに走っていたのですから。彼女の歩行の異常に気づいたのは、小児科の先生のプロの鑑識眼にちがいありません。

それからしばらくして、娘の三歳の定期健診の日がめぐってきました。母親の私はその日のために用意しておいたかのように、先生にこう切り出したのはいうまでもありません。娘は矯正靴をはかなくてもいいのでしょうかと。すると満面に笑みを浮かべて先生は、こうおっしゃったのです。

「心配しなくてもよろしい。私がちゃんと診ていますから」

はからずもルシールの兵隊靴の一件が私の、子供靴に対する認識を変えてくれたのです。

靴ずれができないはきやすい靴が、必ずしもいい靴ではないということを知ってからの私は、子供靴の専門店でしか、娘の靴を買わないことにしました。成長した彼女が、フランセーズのように背筋をピンと伸ばして、かっこよく歩けますようにという、ささやかな親心とでもいいましょうか。靴については、裸足が大好きな私たち日本人は、ベッドに入るとき以外に靴を脱がないフランス人にかなわないのですから。

そこでせめて、姿勢だけでも矯正してみようではありませんか。そしてお出かけ前の全身が映る鏡の前に、新聞紙を敷いてください。

ハイヒールをはいたらしっかり立って、背筋をピンと伸ばして、ハイ、ポーズ！

パリ流エクササイズで、十歳若く

年齢を聞くのは、なんのため？

体重が五十キロを超えそうになってみてはじめて、五十キロの女性の肉付きがどんなだかわかる。六十キロになってはじめて、六十キロの女性がどんなだかわかる。

そのときになってみないとわからないという仮定のもとで私たちは、ああだこうだいっている部分があるのではないでしょうか。

年齢にしてもそうで四十歳になってはじめて、ああ四十歳って、こんな感じなのかしらと思う。五十歳になってはじめて、自分の肌に手を触れ、これが五十歳の女の肌かと感慨を深くする。三十歳の女性は四十歳になった十年後の自分を知らないのに、これ以上もう歳をとりたくないと思い、とらないように努力しようと決意する。そうこうしているうちに私たちは、歳をとることばかりに敏感になっているのではないですか。

いつのまにできたのかしらと、あなたの顔を拡大鏡に映し、頬のあたりにできはじめた色素の塊に嘆いたりしていませんか。首がきしむほど引いたアゴの部分を親指で弾きながら、将来なるかもしれない鏡に映った二重アゴのあなたの顔におののいていやしませんか。

ご心配は無用です。というのも、あなたの顔に虫眼鏡を近づける人はいないでしょうし、よほど太らない限り、あなたのアゴが二重になることはありません。そんな架空の心配をして悲観的になる代わりに、楽しいことを考えるエクササイズをしましょう。

よく私は、他人からこういわれます。

「お若いですね」

そこで最近では、そんなときにこうお答えすることにしました。

「本当に若いのよ。あなた知らないでしょ、私の本当の歳を」

私のその言葉に、たいがいの場合、褒めたつもりでおっしゃったご本人がたじろぐのです。そうなるとさらに私の悪戯心《いたずらごころ》が頭をもたげ、またしてもこういうのです。

「残念ながら私は、あなたが思っていらっしゃるよりもずっと若いのよ」

ことほど左様に、年齢ほどあてにならないものはないというのが私の持論です、少なくとも四十歳を過ぎたら。四十歳を過ぎたら男性は、自分の顔に責任をもてとはよくいわれますが、今の時代は女性も同じ。**四十歳を過ぎたら女性も、自分の顔に責任をもちましょう。**

それにしても血液型の話題もそうですが、日本人はよくよく、歳の話が好きな人種だと、パリから戻って私は変に感心しています。そして挙句の果てに歳だから疲れる、歳だからしかたがないと、だれもが口を揃えます。

日ごろから私は、年齢差よりも個人差を声高に主張するひとりです。疲れるのを歳のせいにする人はきっと、十年前にも疲れていたにちがいありませんし、歳だからできないとお考えの方はきっと、お若いときにもできなかったでしょう。

反対に私は、若い方々の擁護者でもあるのです。若いから未熟だとは、私は絶対に思いません。もちろん年齢ゆえの疲れがあることはわかります。でもそれをカバーするだけの、歳相応のウィットが自分に備わっていることを実証すればいいだけのことではないでしょうか。

美容外科医、マダム・シャポンの秘密

歳についてはあくまでも強気になれと教えてくれたのもまた、フランス人でした。

年齢がなんだというの、失礼な！　そんなフランスの女性たちの大合唱が聞こえてきます。

ここであなたに、とても素敵なマダムをひとりご紹介しましょう。生家のボルドー市内の小・中学校で、計三学年も飛び級してしまったのがきっかけで年

齢を忘れたとおっしゃるマダム・シャポン。彼女の周りの人たちは私もふくめ、彼女の本当の年齢を知りません。わかっているのはパリのモンソー公園の近くで三十年以上も美容外科を営んでいらっしゃることと、お孫さんより歳下の息子さんがいらっしゃるということ。

実は私は、マダムのクリニックで働いていた親友を介して、マダムと知りあったのでした。二十年近く前になりますが、そのころわが国で美容整形のトラブルの頻発がマスコミを賑わしていたのです。フランスはそのジャンルの先進国ですから、マダムに参考意見をお聞きしたのがご縁でした。私の友達のなん人かは、マダムにシワとりのプチ整形をしていただき、みなさん大満足のようです。私にはタダでしてくださると、マダムはいつもおっしゃっています。

「日本人のお客様をご紹介くださって、どうもありがとう。みなさん、三カ月に一度くらい、パリにこられればいいのに。**美容整形は、メンテナンスがもっとも肝心なのよ。**フランス女性はそのことがよくわかっていますから、新年のお休み、復活祭、夏のバカンス、トゥサン（万聖節）の間隔で、脂肪を注入しているのよ。最近は唇にワイヤーを入れるオペがはやっている。

エッ？　私もしているかって。お客さんの顔をいじって、自分がしていないのもおかしいけれど、本当はしていないのよ。みんな私がしていると思っているので、私にとってはとてもいい宣伝になっているの。というのも、これだけ痕跡を残さないなんてすばらしいと、だれでも思ってくれますからね。

私がリフティングをしていないのに、だれもがしていると信じて疑わないのは、私の肌のレベルだけではないの。私がいつも**リフレッシュ**しているから、いらした方がそう思うのだわね、面白いことに。つまり、一度むずかしいパズルをすると、簡単なパズルに見向きもしなくなるでしょ。その気持ちを大切にしているわけです。

イージーなことはよその人に任せて、困難なことにとり組む。かといってマゾヒストではないのよ、困難から逃げないだけです。お料理にしても、オムレツができたらスフレを作りたくなるわね、それですよ。

美容整形をはじめたころの私は、つまり三十年前の私は、歳をとったら自分も整形をしようと思っていたのはたしかよ。でも、する機会が今まではなかった、この先はわからないけれども。私も女ですもの、いつまでも美しくありたいと願って当然だわ。でも聞いてちょうだい、私の話を。

ピーリングがいい例ですが、**肌というのは体からわき上がってくるようなものなの。**ピーリングで皮膚を一枚剝《は》ぎとったときは、赤ちゃんみたいにスベスベした肌になるわね。でも、新しい肌が空気に触れマッサージに耐えようとがんばりますから、またすぐに厚くなってしまう。まあ、だから副作用がないともいえますけれどね。脂肪注入にしても、三カ月で肌にしみ込んでしまうからいいのよ。それに安いプチ整形で長持ちしたら、私たちの商売はあがったりよ」

マダムのおっしゃるリフレッシュはどうも、アロマテラピーや半身浴のことではないようです。

それにしても、軽いものと重いものがあったらあえて、重いものをもつ、ということでしょうか。なんとなく修行僧の世界のようですが、**自分を甘やかさないことが、若さを保つ秘訣**であることはたしかです。

〝人を幸せにする身だしなみ〟をしていますか？

ほかの人とお揃いなんて、絶対にイヤ

フランス人が個人主義だと思われるのは、彼らがことごとく自己主張が強いからなのです。とくにフランス女性、つまりフランセーズは男性よりもその傾向がだんぜん強い。でも、ご安心ください。そう思っているのは私たち日本人だけではありません。フランス人ご本人が自分たちのことを、我《が》が強いと自覚しているのですから。

ドイツ人もイギリス人も、ひいては同じ国の男性までが、フランス女性の自己主張の強さに辟易します。音楽にしてもお料理にしても、お部屋のインテリアにしても、彼女たちの趣味に逆らおうものなら離婚問題にまで発展しかねま

せん。

アレは嫌いだ、コレがいいと、なにかにつけて彼女たちは、自分の好みを主張します。なにひとつとして彼女たちは、妥協を許しません。**ブラジャー一枚買うにも彼女たちは、本当に探しているデザインや素材にこだわる**ので、なかなか気に入るものに出会うことができません。

気に入ったブラジャーが見つからないから、彼女たちは買わない。私たち日本人とちがってフランセーズは、なかなかものを買おうとしません。つまり購買意欲が旺盛ではないから、ものが売れません。売れないから、商品の種類も数もわが国ほど豊富ではないのです。まあ、その点でいいますと、ブラジャーだけとってみても先進諸国の中でわが国ほど、商品の質、デザインやサイズ、お値段の設定まで豊富に揃っている国はありません。

ニワトリと卵論争になってしまいますが、日本女性が並外れた欲しがり屋さんだから商品が豊富なのか、商品開発が徹底していて優れものがわんさとあるから、私たちの購買欲がそそられるのか、どちらなのでしょう。

いずれにしても、フランセーズが買うのは、よほど彼女が気に入ったものだけというのは、たしかです。たとえ一枚のショーツでもブラジャーでも、自分のセンスにふさわしいものにしか合格点をつけません。**身のまわりのものひとつにも、彼女なりの自己主張が徹底している**のですから。

フランセーズのこだわりは、彼女ならではのオリジナルかどうかにかかっています。だれかほかの人がもっているのと同じものはイヤだと、だれもが口を揃えます。世の中でたったひとりの私らしさこそが、彼女たちのプライドになっているのです。

ところが、オリジナルも度を越しますと危険。フランス人なら全員がエレガントかというと、たまにあれっと驚くような奇抜な女性がいるではありませんか。たとえば、髪は紫、口紅は黒。目の周りを真っ黒に描いて、グリーンのベルベットのロングドレスといったぐあいです。パンクだと思えばよろしいのですが、そんな彼女のセンスのことは、オリジナルとはいいません。個性的ならばいいというものでは決してなく、そこには厳然としたエレガンスの鉄則があります。紫の髪に黒い口紅といった彼女の場合は、オリジナルではなくビザール（bizarre＝奇妙な、へんちくりんな）。個性を尊重するフランス人でさえ、ビザールといって、眉をひそめるのです。

それでは肝心の、エレガンスの鉄則とは、いったいなんなのでしょうか。

夫や恋人を、気持ちよくするおしゃれ

地中海に面した南仏コート・ダジュールの、カンヌから山側に十数キロ入ったグラスの町の、ベテラン調香師のマダム・コレットに、エレガンスについて簡単に教えていただきました。

フィレンツェの名門、メディチ家からブルボン家に嫁いだカトリーヌ王女が、フランスに香水をもたらして以来、今日までグラスの町は香水の集散地です。町には、フラゴナール社とモリナール社という大手の二社がありますが、マダム・コレットの所属はモリナール社。シャネルやサン・ローランなど、デザイナーズブランドでもたくさんの香水を出していますが、グラスにある会社は香

水オンリーのメーカーだけ。グラスで香水のエッセンスを買い、自社ブランドのオー・ド・トワレやオー・ド・パルファムに加工して販売するケースがほとんどとか。

香水についての講釈は別の機会にということで、それでは調香師としてメートル（名人）の称号をもつマダム・コレットに、さきほどのエレガンスについてお聞きしてみましょう。

「どうすればエレガントになるかとか、エレガンスについてなどに、これといった決まりごとはありません。

あなたに似あった服を着るのが、なにより大切です。着ていて快適で清潔であることはいうまでもありませんが、**傍の方も共に気持ちがよくなるような装いを、私たちはいつも心がけなくてはなりません。**

ご自分がされたくないことは、よその方にもしないでしょ。ご自分がしてもらって嬉しいことを、ご自分以外の方にもして差し上げる。それと同じで、ご自分だけが満足すればいいというのでは、エレガントな女性にはなれません。

会った方を幸せにするような身だしなみが、エレガンスの基本。ご自身だけが満足して、近くの人がギョッとするようでは困ります。そんな方は、お部屋から出ないことですね。香水にしても、そうでしょ。いくらあなたがお好きなにおいでも、よその方に不快感を与えるようでは、香水とは呼べません。オレンジとかバラのエッセンスの一滴で、いい香りにも悪臭にもなります。悪臭になったら、それは香水ではなくプワゾン（毒薬）。みなさんを幸せに、女性をよりチャーミングにする香水こそ、エレガンスの極みではないでしょうか」

さすがに説得力のある、マダム・コレットのエレガンス講座でした。

実は今、この原稿を書くために私は、マダムに国際電話をかけました。というのも数年前にお目にかかったときの私は調香に夢中で、エレガンスについてマダムに伺う余裕がなかったからです。

今でも覚えていますが、オレンジとジャスミンとバラ、どれも花びらから抽出したエッセンスですが、その数滴をスポイトでとって混合しました。オレンジの白い花の甘い香り、ジャスミンならではのさわやかな香り、花の女王のバラの香り、そのどれもがすばらしいにもかかわらず、混ぜたとたん下品な香りになってしまったのでした。

せっかくのエッセンスを台なしにしてしまったことへの失望と無念さに途方にくれていた私の香水ボトルに、マダムが救いの一滴をくださったのです。あのときはたしか、オレンジを一滴たしてくださったはずです。

1＋1が2にならないことを、今さらながら痛感したのですが、それにしてもあのときのマダムのすばやい一滴は、キャリアと天性のなせる技にちがいありません。

電話の向こうのマダムがおっしゃったエレガンスについてのお話と数年前のあのときのエピソードが、私の中で実にしっくりと結びつきました。

私たち女性はよく、おしゃれもメイクも他人のためにするわけではないと、誇らしげにいいます。ですが、みなさん、**自分の部屋から出る以上、あなたを見ている人がいる。**意識過剰も考えものですが、マダム・コレット流で夫や恋人を気持ちよくして差し上げるおしゃれを心がけたいものですね。

3章

「エレガント」と「セクシー」が両立するとき

——男も女も憧れる魅力的女性とは?

男を魅了する女性、ふたつのタイプ

セックスアピールが邪魔するエレガンス

親しい仲間が集まった席で私たちは、レイラとデュランのテシエ夫妻の出した話題で盛り上がりました。

マダムとムッシュの会話がきっかけになって、セクシーでエレガントな女性がいるだろうかという話になったのです。

だれもが年に一度の大イベントのノエルを国もとで終え、そろそろ大晦日のレヴェイヨン（夜食）の準備に取りかかるという、年の瀬が押し詰まったころ。レイラとデュランが話したのは、こんなことでした。おふたりの頭文字をとって、マダムのレイラはL、ご主人のデュランはD。

男好きする女性には、ふたつのタイプがあるというレイラの意見が、話の発端でした。

L：モンローのような男好きするタイプの女性を私は、無条件に可愛いと思う。映画の中のモンローのことをいっているので、本当は賢かったといわれている実生活の彼女ではないわよ。

D：男の僕から見ると、モンロー的な女性に見え隠れする打算がイヤだね。

L：モンローはともかくとして、男性はセックスアピールがある女性が好きよ。どんな男性も、口では嫌いだといっていても、セクシーな女性にはコロリと参る。

D：僕はそうじゃない。ベタベタした女の人は好きじゃない。ユニセックス的な女性が、僕は素敵だと思う。

L：本当にそうかしら？　私はセックスアピールって、とても大切だと思う。レスビアンではないのだから、ユニセックス的な女性がいるとしたら、外見だけ。デュランは、しょせん私たち女性の外見しか見ていないのよ。

D：**そんなことはない。僕はベタベタした外見ではなく、女性の内面を問題にしているつもりだよ。シックでエレガントな女性がいい。セックスアピールが強い女性に、エレガンスを僕は感じないね。**

L：それはそうね。エレガンスというのは、つまり人に備わっている教養とか文化程度ですもの、育ちよ。となると、セクシーさとはまったく別個なものだわ。

D：**別だよ、別。だからいっているでしょう、僕はエレガントな女性が好きなのであって、セックスアピールの強い女は嫌いだと。**

L：私は二者択一ではないと思う。品があって、セクシーな女性もいるわ。

D：**いや。エレガントな女性のことは、セクシーな女性とはいわない。**

L：つまりモンロー的なセクシーな女性に会えば、あなたたち男性はそそられる。だけれども、エレガントな女性を前にして、セックスをしたいとはいえない。だから、セクシーでエレガントな女性がいては困るという、勝手な言い分だわね。でも、いないわね、セクシーでエレガントな女優さん。昔はいたのにね、『男と女』のアヌーク・エーメとか、ジャンヌ・モローとか、スレンダーでセクシーでエレガントな女優さんが。

エレガントで、ときにセクシーな女性が最高！

セクシーでエレガントな女優さんがいなくなった、というレイラのため息混じりの一言が、居あわせた私たちの次なる話題になったのです。

意見を活発に交わすことに関して、フランス人は人後に落ちません。喧々囂々、忙しい年末の一夜、その話題で夜がふけるのも忘れて盛り上がったのでした。

仲間の女性たち全員が、『勝手にしやがれ』というゴダールの名作で、ジャン＝ポール・ベルモンドと共演しているジーン・セバーグはやせっぽちでもセクシーだけれど、彼女はエレガントではないといいました。

またあるムッシュは、日本人の私を前にして、ＯＺＵ（小津安二郎）の映画に出てくる女優、原節子のことだと思うのですが、彼女こそエレガントだといいました。

するとと彼の奥さんが続いて、日本映画に登場する女優はエレガントだけれども、セックスアピールはゼロだと主張したのです。そして彼女の意見に居あわせた女性たちは、いっせいに賛同したのです。ところが女性陣の意見に、ムッシュたちは真っ向から反論しました。代表してデュランが、こういったのです。

「OZUの映画に出てくる日本女性こそ、エレガントで大変セクシーですよ。ハリウッドの女優はモンローにしてもジュリア・ロバーツにしてもセクシーなだけで、エレガンスは欠如している。それにくらべたらOZUの彼女たちは、両方ですよ。日本の女性は、エレガントでセクシーだな……」

ただひとりその場にいた日本人の私の頬が紅潮したことが、みなさまに想像できたことでしょう。ところがデュランに褒められたのもつかのま、レイラがこう続けました。

「日本映画に出ている女優さんはセクシーなのではなく、ミステリアスなのよ。

女性ではあるけれども、生きている感じがしない。エレガントだとは私も思うけれど、セクシーではなく、ミステリアスよ。それに、パリにいるジャポネーズ、彼女たちがセクシーだと思う?」

またまたレイラが派手な問題提起をしたものだと、私はゲンナリ。私たち日本人の女性がセクシーか否かについては、いつも賛否両論が激しくぶつかりあうのです。

マダムたちはいつも、**私たちのことをセクシーではない**といいます。そしてムッシュが口ごもりながらも、**私たちがセクシーでなくはない**というのです。つまりフランス人の男性たちは私たちを支持し、マダムたちは否定するというのがお決まりの評価というわけです。

その晩、いつ終わるともなく続いた、エレガントでセクシーな女性についての結論が出たのは、空が白みかけるころでした。アンカーをつとめたのも、やはりレイラでした。

「だいたい映画じゃないのだから、エレガントな女性がセクシーだなんておかしい。

セクシーだと感じるのは、男性にとってその女性がセクシーだから。いつもはエレガントな女性が、ある男性にはとてもセクシーに映る。

私たちは女優ではないのだから、いつも、だれにでもセクシーだと思われては迷惑よ。

エレガンスはいつも身に備わっているもので、セクシーさは時と場合による。デュランにセクシーだと思ってもらえれば、私はいい。それにエレガントにふるまうことは、しようと思ってできることではないのよ」

妻のレイラの疲れ気味だけれども説得力のある言葉に、夫のデュランはご満悦。

エレガントでセクシーな女性がベストだという点については、首尾一貫してだれもが同じ気持ちでした。熟年カップルの忘年会には、うってつけのテーマだったといえるでしょう。

「ひとりでいる時間」がつくるエレガンス

あの彼女が際立って見える理由《わけ》

町角であなたを、思わず振り返らせるほど素敵な女性。オープンカフェに座ったあなたの前を通り過ぎた、決して美人ではないけれどもシックな女性。プラットホームで電車を待つ仕草《しぐさ》が、心憎いほど垢抜《あかぬ》けている女性。

どこがどうおしゃれなのかしらと、彼女たちの装いを徹底チェックしたところで、答えが見つからない。多くの女性を虜《とりこ》にしているブランドのバッグを手にしているわけでも、クロコのブーツをはいているわけでもないのに、あなたの目を釘付けにするほどその女たちがエレガントなのは、どうしてでしょう。

その女性の持ちものが、とり立てて気が利いているわけでもなければ、メイクが上手なわけでもありません。

エレガントな彼女たちの共通点は、だれもがひとりでいるということ。あなたの目にとまった彼女はたったひとり、ソロだったのです。そうです、ひとりでいることが意外にも、エレガントな女性の条件ではないでしょうか。

気のあった同年配の仲間と歩いている女性たちの中に、目立つ存在を見つけるのはむずかしいものです。複数の女友達の中で、自分だけが目立ってしまうことの不都合を、私たち女性は避けたいと思っているのですから。

東京の有名シェフのイタリアンやフレンチで、お昼のランチをしている女性たちのだれもが、自宅を出る前に鏡に向かい、その日の洋服を吟味しているはずです。

以前、お友達と会ったときと同じでは体裁が悪いと思い、記憶のネジを巻きなおして洋服選びをしているはずです。だのに彼女たちの中に、これぞと思う魅力的な女性は見当たりません。おたがいが牽制《けんせい》しあっているのではないかと勘ぐりたくなるほど、だれもが判で押したように没個性に見えてしまうものです。

丸の内や六本木、日本橋などの都内の新名所といわれる、高層のインテリジェントビルにテナントとして入っている人気レストランはどこも、ランチタイムに集う奥様方の予約で一杯。さながらブランド品のオンパレードといっても過言ではありません。どのお店もお昼は、シェフじきじきのスペシャルランチ目当ての奥様方。店内には私たちが座るはずの椅子のほかに、ハンドバッグを置くためのスツールを用意しているお店があるほどです。

ただ、残念ながら、いくら入念におしゃれした女性たちが一堂に会していようとも、いくら彼女たちが出掛けに入念なおしゃれをしていたとしても、女ばかりで群れている彼女たちには、ひとりでいる女性が醸し出すエレガンスは微塵も感じられません。

まちがっても、前方から歩いてくる男性がコーヒーでもいかがですかと、声をかけたくなる女性は、群れている中にはいないはずです。かといって私が、ナンパされたいと願っているわけではありませんよ。

あなたのせっかくのおしゃれも、群れていては台なしになってしまう、そのことだけをご注意しておきたいだけなのです。

そう思って町中を見まわしてみると、ひとりで歩いている女性の姿はわが国では案外少ないものです。通勤時間ならばいらっしゃるのでしょうが、昼日中の町では稀少です。

働いているかいないかはこの際べつにして、ひとりでいるエレガントな女性を探してみたいものです。

そこで一万キロのかなたの、パリに思いを馳《は》せてみました。

だから、群れたら損です

今、私の脳裏にはまず、オペラ座が浮かんでいます。改修工事を終えてピッカピカに輝くオペラ座を出発点にオペラ通りを直進し、サン・トノレ通りに入りました。ブランドの殿堂と呼ばれるサン・トノレ通りですが、エルメスやグッチのブティックが並んでいる西側ではなく、雑貨屋、ビストロがひしめきあっている、シャトレよりのほうのサン・トノレ通りです。

時計の針がそろそろ、真上に差しかかります。私の目と鼻の先のパン屋さんの中開きのドアから、焼きたての長い棒パンのバゲットをもったマダムが出てきたではありませんか。

背筋をピンと伸ばし、裸のままのバゲットを右手にもった彼女の、なんとエレガントなことでしょう。彼女のおかげで背景の町並みが、あたかもこの界隈がレ・アルと呼ばれていた、エミール・ゾラの小説の舞台になった時代のころの様相を呈してきたではありませんか。

あたりがだいぶ寒くなっているというのに、素足のままに茶色のぺちゃんこシューズをはいた彼女の足どりの、なんとしっかりしていることでしょう。マロンの髪を黒い大きなピンで無造作に束ねたパリジェンヌ。週三十五時間労働になって以来、サラリーマンの勤務時間が減ったこともあり、平日の町に彼らの姿を多く見かけるようになりました。パン屋さんからバゲットを手にして出てきた女性も多分、そのひとりにちがいありません。

ドアを出てサン・トノレ通りをシャトレ広場に向かって歩く彼女の、洗い立ての髪のシャンプーのにおいはそのまま、初秋のパリの香りのようです。小さな四つ角を彼女はリヴォリ通りの方向に右折。私はそのまま、シャトレ広場に急ぎます。

噴水の水しぶきの音とバスのクラクション、警察官の吹く笛の音が交錯する、人通りの絶えないシャトレ。広場に面して西と東にあるふたつの大劇場が、この場所に風格を与えています。市立劇場のチケット売り場でまたひとり、すばらしく優雅な女性を見つけました。

バレエの前売り券を求めるために直接、劇場の窓口に並んでいるのでしょうか。先ほどの女性とは打って変わり、彼女はすでに冬じたく。

スエードのように体になじんだモスグリーンのビロードのコートに、柔らかくウエーブしたブロンドの髪をシニヨンに小さくまとめているところを見ると、彼女はコンセルヴァトワールのバレエの先生かもしれません。しなやかな全身から漂う上品さを、エレガントといわずになんといいましょう。

それにしてもモスグリーンの年代もののあのコートは、少なくとも十年以上はたっているはずです。まねしたくてもできない、もっともパリらしい女性といえるでしょう。

劇場の窓口の係員と話している彼女のすぐ後ろを通り、シャトレ広場から川を渡り、セーヌの中洲になっているシテ島に入ります。

いつ訪れても心弾む、シテ島の花市を眺めながら、メグレ警部が活躍したパリ警察の前を抜け、もうひとつのセーヌ川にかかる橋を渡って河岸の左岸に移ります。

セーヌ川を左岸に渡ると、同じパリでありながら町の様子が一変。橋の袂《たもと》のサン・ミッシェル広場は、私たち家族が長く暮らした場所でもあります。

携帯電話をとり出して私は、同じアパートの親友、忘れるはずのない、マダム・シャルダンの家の番号をプッシュ。ルルルルの呼び出し音の後に、アローという、やや低めのマダム・シャルダンの声が聞こえます。

唐突な来意を告げる私は、フランス式なら不躾《ぶしつけ》に当たりますが、短期滞在のツーリストとしての私の立場をマダムはすぐに理解してくれました。

その五分後に私は、住み慣れたアパートの、故障してばかりいたふたり乗りのエレベーターの鉄のドアを開けています。マダム・シャルダンには、一風変わったおしゃれの秘訣を教えていただくことにしましょう。

小一時間のパリ散歩でしたが、やはりどこを探しても、群れているマダムの姿には出会いませんでした。

なぜエレガンスの達人は、古着の魅力にはまるのか？

レトロな日本製ばかりが褒められる理由

ヴィンテージものがあるのは、ジーンズだけなのでしょうか？

着古されて味がでるのは、ジーンズに限ったことではないのに。

毎年春になると、自分で洗ってはアイロンをかけて着るシルクのブラウス、夏の麻のスーツ、秋に着るハーフコート、冬になるのが待ち遠しいほど大好きなビロードに刺繡のオーバー。ほかにもいろいろありますが、これは私が大好きな服。どれも今、同じものを手に入れたくても、どこにも売っていないものばかりなのです。

その服に情がわくか否かは素材によるということに、最近になって私は気づきました。愛着を感じ、毎年眺めることになる服の素材は、決まって**天然素材**なのです。

ブラウスはシルクですし、夏のスーツも麻です。コートは純毛ですし、真冬に着るビロードのオーバーはコットン百パーセントです。いいものは長持ちするといっても、私にとってそれは高価なものという意味ではありません。贅沢といえば素材が木綿や麻やウールだというだけで、**私が気に入っているからいいもの**なのですから。

二度と再びそっくりなものを手に入れることができないと思えばなおさら、レトロな服がいとおしくなります。あなたもどうか、今おもちの服すべてとはいいませんが、ブラウスでもセーターでもコートでも、あなたが気に入っておいでのものは手放さないで手元に置いてください。お友達にあげたり、リサイクルショップにもっていってしまったり、燃えるごみの袋に入れてしまったらそれまでです。

そしてなぜだか、十年以上も、オーバーは二十年近くも前から着続けている服ばかりが、フランス人の友達に褒められるのです。長く着て体になじんでいるからでもありましょう。ひと目で新しいものでないというのがわかるものばかりなので、それを見て過去を懐かしむ気持ちが、人々に伝わるのかもしれません。そういう私も、友人が着ていた服を褒めたら、その出どころが蚤の市だったということがよくありました。

パリの蚤の市は、ガラクタ市と骨董品市の二種類の要素があります。後者はルイ王朝スタイルの家具やガレのガラス器や十八世紀の絵画、ゴブラン織りのタピスリーといった高価なアンティークが、博物館のように一堂に会するところです。初期のころのロレックスの時計ばかりを扱う老舗もあります。また、シャネルやジヴァンシー、サン・ローランがデビューしたてのころのオートクチュールだけを売っているショップもあります。

ロレックスの純金の年代物の時計や古いオートクチュールは、主にコレクター相手に商われていますから、パリジェンヌといえどもふらっと散歩がてらにのぞき、気に入ったからといって手軽に買えるお値段ではありません。パリのシャネルのブティックに並んでいる、新作スーツのなん倍ものお値段の、それこそヴィンテージものの価格。ですから私たちが訪れて買った蚤の市はあくまでも前者の、ガラクタ市の掘り出し物というわけです。

もっとずっと、おしゃれだった時代のパワーをもらおう

私の親友のイザベルは、蚤の市でしか服を買わない主義の女性です。靴とストッキング、ソックスや肌着は新しいものをスーパーで買いますが、後はすべてパリの北にあるクリニャンクールの蚤の市で調達。

黒と茶、ベージュ、ピンクが好きな彼女はまた、アンニュイな感じのエレガントな女性で男性にもてもて。あるときは白いTシャツになん本もの金のアクセサリーをじゃらじゃらさせ、あるときは黒いベルベットのスーツに真っ赤な口紅。それではここでイザベルに、蚤の市でしか彼女がワードローブを買わないわけを聞いてみることにしましょう。

「答えは簡単。新しいものが嫌いだからよ。衣類だけでなく、家具も食器も、

今、世の中で売られているものに私は魅力を感じない。売り場にはノスタルジックなカンパーニュ風の家具や食器もあるけれども、ぜんぶレプリカではないかしら。私は家具でも食器でも、本物だけに囲まれて暮らしたいの。

学校を卒業して働きはじめたころ、私は次々に新しいものを買った。十年くらいはそんな生活をしていたのだけど、会社を辞めて以前の彼と南仏のトゥールーズという古い町で半年暮らしているうちに、考えが変わったのよね。飽きたというか、バカらしくなってしまったの。現代人の買っては捨てる生活がね。

トゥールーズの町にある、なん軒もの骨董店を見てまわっているうちに、**古いものイコールいいものだと実感したんです。今日まで残っている価値があるものだけが、残っているということよね。**それからは着るものと生活雑貨やインテリアもすべて、蚤の市で買うことにしたというわけ。

蚤の市はパリだけでなくて、バカンス先でも立ちよることにしています。ジョニー（イザベルの今の恋人）も私の趣味に理解があるから、バカンスへもクルマでいってくれます。

服の話だったかしら？　古着に目覚めたのも、私のトゥールーズ時代。蚤の市だからといって、必ずしも安くないこともあるのよ。まあ、たいがいは安いけれども、直さなければ着られない。小柄な私でさえ入らないような、ものすごく小さいサイズが多いのよね。昔の女性たちって、小柄なのよね。そうよ、ジョゼフィーヌ（ナポレオンの最初の后）にしても、百五十センチもなかったのですものね。

古着の面白さを知ったら、あなたも虜になるわよ。五〇年代とか六〇年代の服がほとんどなのだけど、なかには三〇年代のもある。パリから数キロ外に出たセーヌのほとりで毎晩、町の人たちが踊り狂っていた時代のドレスももってる。青いグログランのリボンで縁どりした、ベージュのシフォンのドレス。それが私の一張羅《いっちょうら》かな。

よくいうでしょ、おばあさんたちが。私たちの時代は、今よりもずっと女性がおしゃれだったと。今の若い女の子たちがおしゃれではなくなったと、おばあさんたち、嘆くでしょ。それは本当で、今八十代のおばあさんたちが若かったころにはやった、シルクやレースの手袋とか、アストラカンのマンションやボレロを見れば、それがわかる。そしてなによりも、今では考えられないほど上等な素材で、考えられないほどの手間をかけて作られているのが、私は嬉しい。今でもオートクチュールはあるけれども、意味がちがいます。アラブの石油成金とかモスクワの特権階級が顧客リストを占める、今のパリのオートクチュールに私は、まったく興味がないの。そうではなくて、当時のふつうの人たちのおしゃれ着だから魅力なの。直すのはちょっとめんどうでもね」

マンションというのは毛皮やオーバーの共布でできた防寒具で、両方から手を入れて温める筒状のものだということを、私に教えてくれたのもイザベルです。建物のマンション（mansion）も手を温めるマンション（manchon）もフランス語で発音は同じですが、スペリングがちがいます。

マンションのことを教えてくれながら、そのときの彼女は、蚤の市で仕入れてきたスカートのファスナーをとり替えていたのでした。ほかに私が目撃した彼女の更生もののシーンとしては、ブレザーの裏地の総とり替えがありました。

そこまで手間ひまをかけるくらいなら……。そういおうとした言葉を私は、そのまま飲み込んだのです。直し終えたら、さぞやすばらしいブレザーになるでしょう、とそう思いながらそのときの私は、彼女の部屋のドアを閉めたのです。

人と異なるユニークなおしゃれだからではなく、**とことん自分が気に入った服を着ることがエレガントにちがいない**と、イザベルを知って以来、私は考えるようになりました。

だからなおさら、今まで手放していない大好きな服は、これからも大切に着続けようと思います。

世界が絶賛する、「和」に宿るエレガンス

上手な和装小物の使い方

パリで見るから素敵なのでしょうか。フランス人が身にまとうからシックなのでしょうか。

私たちにとっては新鮮味もなく、あまりに日常的な和物が、日本で見るよりもはるかに日本っぽく、エレガントな光彩を放っているのです。荷台からこぼれんばかりにうずたかく積まれた、新鮮な果物や野菜をひとつずつ吟味するパリっ子が、さりげなくはおっている刺し子の綿入れはんてん。おひげのムッシュが、快適さを満面にたたえて着ている甚平さん。大きな籐のかごを抱えた甚平さんの彼はごていねいにも、黒い鼻緒の桐の下駄をはいています。

華やかな友禅染めの巾着を、パーティードレスに合わせてもっているマダムもいました。柔らかそうな栗色のシャタンの髪をくるりとシニヨンにまとめ、珊瑚《さんご》の簪《かんざし》を挿しているマドモワゼルもいました。祖母の時代の女性たちが愛用していた、絵羽《えば》模様の黒い羽織をピンクのコットンのワンピースに、さらっと着ていた女性にお会いしたときはさすがに驚き、思わずご挨拶をしてしまったほどです。

年配のムッシュと腕を組んでいたその女性を見たのは、パリから遠く離れた地中海に面したニースでのこと。毎年、夏になると開催されるジャズ・フェスティバルの夜空に響き渡る、名曲「テイク・ファイブ」のリズムに合わせてスウィングしているカップルの女性が着ていたのが、年代ものの羽織だったのでした。

驚いたことといえば数年前、長く住んでいたサン・ミッシェル広場からオデオンに通じる、終日人の途切れることがない賑《にぎ》やかな路地でのことでした。昼下がり、悠々と歩いているひとりのボー・ギャルソンの後を、私は思わず追ってしまったことがありました。beauとつづるボーという単語は、英語ならばビューティフル。つまり、ハンサムのことをフランス語では、ボー・ギャルソンといいます。かといってそのときの私は、目の前を歩いている青年がハンサムだからといって、ことさら驚いたわけではありません。そのときの彼の服装に私は、ただただ唖《あ》然としたのです。

最近はわが国の中・高生の男子生徒の制服がブレザーとスラックスになったり、金ボタンの黒い詰襟が少なくなったようです。ところがパリの真ん中で男の子たちのかつての制服の定番、金ボタンの黒の詰襟《つめえり》が颯爽と歩いているではありませんか。おまけにそのボー・ギャルソンは、前につばのある学生帽までかぶっていたのです。道ゆく人たちの熱い視線を一身に集め、彼はいかにも気持ちよさそうに歩いていたのです。

彼の後ろ姿を眺めていた私は、彼をさらに正面から見たい欲望に抗《あらが》えませんでした。昼休みのためスーパーのシャッターが閉まる時間をさも気にして急いでいるといわんばかりに私は、腕時計の文字盤をのぞいているふりをしながら、詰襟の君を早足で追い越したのです。

そして案の定というべきか、スタンドカラーの詰襟から上着の裾《すそ》にかけて、桜模様の浮き彫りのある金ピカボタンが縦に整列。彼が着ていたのは、紛れもなくわが国の男子生徒が着ていた制服にちがいありませんでした。

パリの町角に光る、金ボタンの学生服とランドセル

追い越しをかけた私が日本人だったからにほかなりませんが、そのボー・ギャルソンが私に、こう話しかけてきたのです。

「ボンジュール・マダム。あなたはお急ぎなのですか？　ボクが着ているこのコスチューム、あなたも知っているでしょう。ガクランでいいのでしたっけ、呼び方は。バカンスでトーキョーにいったとき、このガクランを買ってきましたが、デザインのすばらしさに感動しています。ポケットはたくさんあるし、太いパンタロンとのバランスといい、世界でトップレベルのコスチュームですよ」

彼のガクランへの讃辞に頷《うなず》いてから私は、どうして、どこで彼がそれを手に入れたかに興味がわいたのです。

「ガクランのことは、アルバムという書店にあった、ジャポンのバンド・デシネ（漫画）で知っていました。リセのオーエンダンの男子生徒が全員、ガクランを着ていますよね。ボクはトーキョーのデパートで、ランドセルも買いました。

小津安二郎の映画に、『生まれてはみたけれど』というのがあるのを、あなたは知ってますか？　小津の映画にも、ガクランとランドセルの男の子が出てきます。バカンスにいったら絶対にガクランを探そうと思っていました。ジャポンにしかない、機能的で永遠に美しいデザインです。

買ったのは、アサクサの仲見世でした。ジャポンの友達が連れていってくれたんだけど、大きなタンプル（寺）がある、古い町でした」

ガクランを着た彼が、背中にランドセルをしょっている姿を想像しても、決しておかしくありませんでした。

もしもこれが、日本のどこかだったら、どうでしょうか。すでに成人に達してからなん年もたったような男性が、詰襟金ボタンの制服でランドセルを背負おうものなら、一風変わったコスプレになってしまうのではないでしょうか。それとも三島由紀夫の最期で人々に知られることになった「楯の会」のことを、年配の方はご想像になるかもしれません。

やはりパリならばなんでも格好がいいし、フランス人が着ればどんなものでも、エレガントに見えてしまうということでしょうか。私のそんな胸中を見透かすように、ガクランの君がこう続けました。

「ガクランは、なん十年もそのデザインが変わらないそうですね。変わらないということは、それだけで価値があるのです。人々に支持された、いいものだけが勝ち得ることができるのが継続です。日本にいって感じたのですが、ジャポネはそれに気がついていないのではないですか？　ボクはキモノが大好きなので、夏のトーキョーでユカタも買いました。お風呂上がりに裸のまま、木綿のユカタをはおると、とても気持ちがいい」

ジェレミと名乗った彼の職業は、工業デザイナーでした。どうりでガクランのデザインに、鋭く反応していたはずと感心。そういえば過去、私がパリの町角で目にした光景はジェレミが話した通り、ことごとく、古きよき時代の名残のような和物にちがいありません。

刺し子の綿入れはんてん、甚平さんに友禅染めの巾着と合成珊瑚の簪、羽織のどれもが古《いにしえ》の香りにつつまれているではありませんか。外国人に評価されてはじめて、日本人の功績に目が覚めるとは、よくいわれることです。

おしゃれなフランス人が太鼓判を押す、日本ならではの固有のエレガンスに、今こそ気づくときがきたようです。

好きなものだけに囲まれて暮らす日常の、幸せ

パリのアパート初体験の衝撃

フランス人と私たちの、価値観の相違を挙げてもきりがありません。幼いときから「がんばって！」とか「しっかりね！」などと、母親に叱咤激励されて育てられる私たちと、ムリをしないことが善と考えているフランス人がちがっても当たり前。フランスと日本の二国を隔てる距離ほどに、彼らと私たちの価値観はかけ離れているのです。ですからフランス人のやることなすこと、考え方、感じ方など、彼らのすべてが私にとっては刺激的でした。とくに引っ越しやお部屋のリフォームについてのフランス人の発想に、私はつくづく感心させられました。

猫の生まれ変わりのようなシャンタルとお友達になったのは、私がパリに住みはじめて五日目のことでした。七〇年代の最後の年、パリで最初に住んだアパートはエレベーターなしの六階建て。私たちの部屋は四階でしたが、日本式にいえば五階です。フランスでは一階をカウントしないからです。学生街の、今思うと質素なアパートでしたが、螺旋階段だけは不思議なほどいつもピッカピカでした。年代をへて飴色に底光りした手すりと、滑りそうで怖いほど磨かれた床に私は、上り下りするたびに感心したものです。そのアパートの二階に、シャンタルたちが住んでいたのでした。

ある朝、近くのパン屋さんに棒パンのバゲットを買いにいった帰り、二階の部屋のドアが開けっ放しになっていたのです。パリに着いてからまだ五日、私にフランス人の家を訪れる機会などありませんでした。つまり現地のパリっ子の生活ぶりどころか、パリっ子の部屋も知りません。だからといってそのときの私が、シャンタルの部屋をこのときとばかりにのぞき込んだのではありません。本当にたまたま、開いているドアから彼女の部屋の様子が、私の目に飛び込んできたのでした。

蔦《つた》のような植物がはっている、真っ白な壁に、黒に近い紫のカーペット。大理石の暖炉の上には、大きな鏡があったのです。そしてその鏡の中で寛いでいた美しい女性と私は、あろうことか目が合ってしまったのでした。

金色の額に縁どられた、鏡の中の美しいフランス女性が私に、ニッコリ笑いかけていたのです。それがシャンタルで、廊下に立ち尽くしている私に合図を送っているシャンタルにキッチンから話しかけていたのが、マクサンスだったのです。その美しい女性が私にいった言葉は、こうです。

「アントレ!」

パリにいったときには、フランス語がまったくしゃべれなかったので、彼女がそのときにいった「アントレ!」の意味が、わかるはずがありません。

生まれてはじめて見たパリっ子のアパートの、なんと素敵だったことでしょう。鏡の中の女性の、なんとエレガントだったことでしょう。

あれから四半世紀が過ぎたなんて、とても信じられません。その日のうちに私は、アントレの意味を知りました。「お入りなさい」と、鏡の中の美女は私に、いってくれていたのでした。

あなたの人柄を映す鏡——インテリア

私ののぞき見がきっかけになり、シャンタルとマクサンスのカップルと私たちの友情がはじまったのです。

南仏生まれのマクサンスとパリっ子のシャンタルは、今も一緒に暮らしています。かといってふたりに、結婚の意思はまったくありません。つまりシャンタルとマクサンスはフランスでいうユニオン・リーブル（同棲）で、この先も仲よく続けていくようです。

マクサンスも認めるシャンタルの趣味が、インテリアでした。ちなみに彼女の仕事はラジオ・フランスという放送局の受付で、マクサンスは俳優。フランスの法律で、週の労働時間が三十五時間になってから、彼女のインテリアの趣味にいっそう拍車がかかったと、パートナーのマクサンスがいっていました。

「いいでしょう、この雰囲気。今まではシックな感じだったから今度はソヴァージュにしたのよ。わかるかしら、カーテンを裏返しただけで、こんなに気分が変わる。これからは麻が室内で、今までのサテンは外側。裏表使えるリバーシブルのカーテンは作るときは手間がかかったけれども、ツーウェイなら倍楽しめるでしょ。麻のカーテンには、コルクの床が似あう。敷いてあったカーペットが汚れていたから、ちょうどよかった。試しにサロン（応接間）に張ってみたのだけれども、静かだし柔らかくて気持ちがいいから、寝室もマクサンスに張ってもらうことにするわ」

夏になるとペンキを塗るのも、シャンタルの趣味です。掃除や洗濯、食事の支度など、家事はマクサンスの担当です。というのもシャンタルは、掃除機をかけるのが嫌い、洗濯も嫌いと、家事をするのが苦痛でした。そんな彼女が、インテリア関係だけはマクサンスに手を触れさせませんでした。

あるときは五〇年代の家具にこり、毎週のようにクリニャンクールの蚤の市に通っていたシャンタル。今でも相変わらず毎年、ペンキを塗り替えているそうです。といっても塗るのは白いペンキだけ。純白にほんの一滴だけ茶色のペンキを混ぜるのがシャンタルの流儀です。

オフ・ホワイトの壁にナチュラルな麻のカーテン。コルクの床に低いテーブル。布張りのソファーにもカーテンとおそろいの布がかかっていました。それが私がパリを発つ前日に見た、私の知っているシャンタルの最後のインテリアでした。

インテリアという言葉をフランス語でいうと、アンテリウール（intérieur）。私たちはよく室内の意味として使い、お部屋のインテリアとかインテリア・デザイナーといいます。ところが辞書を開くと、名詞の室内という意味は二義的に記されています。

それではインテリアの一義的な意味はなんなのでしょうか。

エクステリアに対するインテリア。つまり**内面の**とか**精神の**というのが、第一の意味として、辞書に載っているのです。つまり、私たちが室内装飾や家具などのことをいう**インテリアは単なるものではなく、精神性をともなっている**

ということなのです。そういえば、私たちがいつも使っている意味でのインテリアですが、それには人の気持ちに働きかける要素がとても多いような気がしてきます。そして同時に、インテリアはそこにいる人々の生活や主義主張を見事に反映するのです。

広さより、居心地を

お部屋は狭いより広いほうがいいとだれでも思います。質素よりも豪華なほうがいいような気がしてしまいます。でも広々とした部屋に、インテリア雑誌に掲載されているような家具が置かれていたとしても、私たちの心に響くものがあるでしょうか。いくら豪華なインテリアだったとしても、持ち主の顔が思い浮かばないような部屋なら、デパートの家具売り場と同じです。

部屋の模様替えをすませた部屋は、まるで着替えを終えて私たちの前に姿を見せてくれたシャンタルのようでした。

私たちと同じで、彼らもなん度か引っ越しをしましたが、いつも大して広くはないし、贅沢なものはひとつもない部屋でした。それでも毎回、センスのいい彼女の立ち居ふるまいに、彼女の手作りのインテリアがすばらしいステージを提供していたのです。まるで生き物のように、シャンタルにピッタリとより添う彼女のエレガンスが凝縮した部屋が、彼女の全身全霊を映し出していたからにちがいありません。

必ずキレイになれる、おしゃれショッピング

買うときは、まず、口実を探してから

有名なシャンソンに、「八月のパリ」という歌があります。パリっ子がバカンスに発って留守になった町の、晩夏の物憂げな雰囲気を語る歌です。そんな倦怠感の漂う八月とは裏腹に、パリがむせ返るような熱気につつまれるのが七月。正確には六月末から、七月中旬までといったほうがいいでしょう。

七月のパリといえば、町中がソルド、ソルド（soldes, soldes）で大賑わいする時期です。ブティックのウィンドーは、バーゲンセールのことをいうソルドと書かれた、でかでかとした文字で埋めつくされます。いつもはお財布のヒモがとても固いフランセーズが、ソルドで定価の半額になったから、お金をよ

り効果的に使えるというエクスキューズのもとに、公然とおしゃれショッピングに熱中する姿は、パリの真夏の風物詩にちがいありません。

それにしてもなぜ、いつもは図々しいほど堂々としているフランセーズが、おしゃれ用品を買うときに限っていじましいほど躊躇《ちゅうちょ》するのか、私は長いこと納得できませんでした。自分が稼いだお金で自分の洋服やハンドバッグを、それもセールで買うというのにどうしてなのか。そしてあるとき私は、彼女たち特有のおしゃれショッピングに対する価値観があることに気がついたのです。

フランセーズたちは、**おしゃれショッピングのためにお金を使うことが、善だとは思っていない**からなのです。善でないどころか彼女たちは、極端にいえばおしゃれへの出費に罪悪感すら感じるのです。ですから、正当な理由がなければ、おしゃれ用品を買うことができません。そのセーター一枚を買うことで、それを着た自分が絶対によりシックになっているか。セールで半額になれば、点数が倍買える。お金は使うためにあるとばかりに、ついつい安さにつられて買ってしまう私たちとは、根本からパーフェクトなおしゃれに対する追求がちがうのです。

セーター一枚、スラックス一本、日ごろはものを買わない彼女たちがなん軒ものブティックをまわってさんざん吟味し、このときとばかりに買い物をする。こんなに安くなっているのだから、割引分だけ節約できると胸を撫《な》で下ろすのです。

足を棒にして探してやっと買った大切な洋服なのですから、どだいぞんざいにはできません。苦労してせっかく買ったものをよりシックに着なくては、と思う彼女たちの心意気がさらに、フランセーズをおしゃれに仕立て上げるのです。彼女たちのエレガンスは意外にも、そうした買うことに込められた彼女たちのパッションの表出でもあるのです。

以前はメーカーによっては、時期をずらしてセールをするところもありました。有名なところではエルメスがそうで、ほかがソルドをしている一月と七月をあえて避け、その合間に開催していました。ところが十数年前、エルメスも、ソルドの時期を、ほかのブティックやデパートと足並みを揃えるようになりました。

キャリア女性の、けちけちショッピング

パンツ一枚にしてもフランス人は、ものを買いたがらない人種だと私がくり返しているではないかと、あなたは不審に思われることでしょう。まったくそうにちがいないフランセーズが、日ごろのうっぷんを晴らすかのようにソルドを待って、堰《せき》を切ったように買い物にうつつを抜かすのです。彼女たちの生態観察が趣味の私はある土曜の昼下がり、そんな彼女たちの本音を知ることができました。

テーブルの上に置かれたソルドとだけ印刷されたオ・プランタンの紙袋の中から、親友のアデンが買ってきたばかりのセーターやパンタロンをとり出し、一枚ずつ私に見せてくれたときの、彼女の満たされた顔つきが印象的でした。「ねえ、このセーター買っちゃったの。でも、五〇パーセントオフなのよ、素敵でしょう。昨年のソルドで買った、同じメーカーのシャツがとても着心地が

よかったから、売り場をのぞいてみたの。そうしたら半額になっていたから、ついに買っちゃった。このパンタロンも定価なら七十ユーロなのに、やはり五〇パーセントオフなのよ。お買い得だと思わない、ヨーコ。ねえ、これなら買ってもいいと思わない。

このセーターのベージュは、茶系だけでなく黒とのコーディネートもできる。濃紺も、意外にベージュと合うわね。つまりベージュという色は、オールマイティーなのよ。そう思わないかしら、ヨーコ、よく見てちょうだい。しっかりしたギャバジンのブルーのパンタロンも、欲しいと思っていたものなの。私が今日、ソルドで買っただけの価値があるでしょ」

親友のアデンは、シェーンベルジェという多国籍企業に勤務するキャリア女性です。シアンスポという政治経済をメインに学ぶグランド・ゼコール出身なので、入社して十年やそこらで、すでに管理職でした。

アデンの娘さんと私の娘のクラスが幼稚園で同じだったことから、私たちは以来ずっと親密なお付き合いを続けています。双方の娘たちはすでに成人し、この数年は子供たちよりも母親の私たちの親密度がより高くなっているのでした。私の娘は社会人になりましたが、アデンの娘のベアトリスはまだ学生。それもママと同じ、フランスのエリート校を代表するシアンスポの学生です。

余談になりますが、フランスの大学は制度自体が複雑なのですが、大別すると二種類あります。簡単にいえば、大学入学資格のバカロレアさえ取得すれば、だれでも入学できる大学と、バカロレアにプラスして一、二年の準備過程をへなくてはならないグランド・ゼコールのふたつ。前者の場合は、受験競争とは無縁です。

ところがもう一方のグランド・ゼコールと呼ばれる大学は、わが国の旧制大学と同じで、入学に際して予科が必要です。フランスでは現在でも飛び級がありますから、バカロレアの成績がものすごくよければ、まれに予科を通らずにグランド・ゼコールに入学する学生がいないわけではありません。ですがほとんどの学生は、高校のリセを卒業してから予科に進学した後に、グランド・ゼコールを受験します。

こちらは入学に際し受験があり、精神異常になってしまう学生がいるほど熾《し》烈《れつ》なサバイバルなのです。ちなみにソルボンヌ大学の愛称で親しまれているパリ大学は、前者。アデン母娘の二代が通うシアンスポは後者なので、リセ以降の学業期間がかなり長引くことになるのです。ですからバカロレアを終えたままでは一緒でも、東京の大学を選んですでに社会人になっている私の娘とちがい、ベアトリスにはまだ数年の学生生活が残っているというわけなのです。

フランスの大学制度についての説明がくどくなりましたので、ここで話を元に戻します。アデンは、フランス人で知らない人がいないほどの規模の大会社で、少なくとも百人以上の部下を抱える立場にいます。当然ながら、彼女はかなりの高給とり。学歴による賃金の格差が歴然としているフランスでは、グランド・ゼコールの中でもレベルの高いシアンスポ出身のアデンは入社時点ですでに高給が保証されています。残業手当やボーナスの制度がなきに等しいことも、学歴によるお給料のちがいが目立つ理由です。

ですからアデンは、セーターでも靴でもバンバン買えばいいのです。

十数年間もそうした納得できない思いに、私は捉《とら》われていたのでした。その土曜の午後もそうで、彼女が買ってきたばかりのバーゲン品の品評会を眺めていたというわけなのです。

すると隣室から、アデンのご主人のフランクが出てきて、彼女にこういったのです。

「アデン、いいものがたくさん買えて、よかったじゃない。なにを買ったのか、見せてよ。さあ、そのセーターを着て、散歩にいこうじゃない」

それからすぐ私は、お宅をお暇《いとま》したのです。彼女のアパートの階段を下りながら私は、アデンはエレガントになるべくしてなっていると妙に納得しました。

ここまで真剣だから、キレイになれる

おしゃれショッピングに対する慎重さと節約精神に満ちているのはもちろんですが、アデンにはもうひとつ、やや屈折した思いがあるのです。おしゃれのために、お金を使ったことへの後ろめたさが。ちょっと高いセーターを買った

ことへの後ろめたさを払拭するには、そのセーターを身につけることで、よりシックなアデンになることです。彼女の夫にも、新しいセーターを着た妻の姿に満足してもらう必要があります。

バーゲンで半額になったという実利だけでは、おしゃれ用品を買った動機の裏付けは不十分。**その一枚を着たことで、以前よりシックに、エレガントになることのほうが重要です。**そのためには、いつもよりも少しだけ念入りにメイクし、髪をセットしてから、新品のセーターに袖を通すという心がまえも必要でしょう。アデンだけでなくフランセーズのエレガントな理由は、おしゃれショッピングをするときの彼女たちの、どこか後ろめたさを感じる深層心理にあるのです。

ゼロ出費の、優雅な休日

田舎の家で過す、なにも買わないシンプル・ライフ

うっそうと茂る木陰のベンチで、ゴロ寝をしましょう。馬のいななきとカッコーの鳴き声を聞きながら、夕方のバーベキューのために火を起こしましょう。フランスの田舎の村の、メゾン・ド・カンパーニュで休日を過すなんて、これ以上の贅沢があるでしょうか。

「今度のウィークエンド、僕たちのメゾン・ド・カンパーニュにご一緒しませんか」

フランスでは人をお招きすることが、おたがいの信頼関係を築く上では不可欠です。そして自宅と同じように、別荘に人をお招きすることもまた、親愛証

明になります。ここでいう休日は、バカンスのことではありません。バカンスはフランス人の大好きな、年に一度の長期休暇のことで、週末や祝祭日のお休みはバカンスではありません。

いつ、どんなときに別荘に誘われるかについては、こんなぐあいになります。日時を決めて、私がどなたかをお招きしたとします。私の手料理を食べ終わり、コーヒーに食後酒、アルコール度が強い蒸留酒のカルヴァドスかなにかをグッとやりながらの語らいの場でのこと。

「本当に今日は楽しかった。お料理も最高に美味しかったですよ。ところで今度、私たちのメゾン・ド・カンパーニュにいらしてください」

そんなお誘いを受けた私は口にこそ出さなかったけれど、とっさにこう思ったのでした。

「エッ、別荘をおもちなの？」

「エーッ、そうは見えないけれども、この人たち」

もっともそんな驚きは、私がパリに暮らしはじめたころのほんの一時。いつのまにか私は、少なくともパリやリヨンなどの大都会に住んでいるフランス人家庭なら、自宅のほかに郊外の村に別宅を所有しているということに、まったく不自然さを感じなくなっていきました。そして田舎の別荘を、自宅と同じように、むしろ町なかの自宅以上に、彼らが大切にしていることを知ったのです。

メゾン・ド・カンパーニュというフランス語を訳すと、まさに私たち日本人がイメージする別荘になります。メゾンについては、今さら申し上げるまでもありません。ドは英語の of に相当する前置詞で、カンパーニュが田舎ですから、直訳すると「田舎の家」になります。

地方に住んでいる私の親友で、パリにアパートをもっている人たちがなん人もいますが、彼らはパリのアパートのことは別宅でも、メゾン・ド・カンパーニュとはいいません。彼らにとっての別荘とは、大自然の懐に抱かれた森や湖が近くにあり、雑木林を吹きぬける風の音が聞こえるような、そんな村にある一軒家のことなのです。

なん度も彼らのお誘いに甘えて、私たちは娘を連れて、各地、各県に点在する親友たちのメゾン・ド・カンパーニュを訪れました。そして彼らの、田舎でのオフタイムに私は深く共鳴したのです。

シンプル・イズ・ベストを地でいく、すがすがしいほどお金には無縁の休日を過している彼らが羨ましくてしかたがありません。

ディズニーランドが流行らない国

先進国の中でフランスは、自ら農業国であることを誇りに思っている唯一の国です。

田舎の家で彼らは都会人の日常を離れて、ペイザン（農民）になります。そして彼らは、別荘にいるあいだはお金を使わない主義に徹するといったら、あなたにもフランス人の休日の過し方が見えてくるのではないでしょうか。

お金を使わないのはフランス人がケチだからではなく、農民としてのプライドという彼らのDNAが血管を流れているかのように、休日は大自然という天の恵みにどっぷりつかるからなのです。自分たちはペイザンだというフランス人の心意気が、週末や休日の過し方に見事に反映されているわけです。

ひとたび田舎の家に到着したなら、そこではパリとはまったくちがう別の生活が待っています。仕事と家、学校と家の往復に明け暮れたウィークデーとは正反対の生活リズムで過す休日こそ、心と体の本当の意味でのリフレッシュ。アンチ都市生活を標榜することで、別荘での数日が明確に日常と色分けされます。

時計の目覚ましスイッチをオフにして、ついでに時計そのものも、どこかに隠してしまう。目覚ましの音で、跳ね起きる必要もないのですから。**起きたいときに起きて、あり合わせのものを食べる。**といっても食いしん坊のフランス人が、三食を二食にするはずがありません。土地がふんだんにある田舎のことですから、ゆったりとしたキッチンがあるでしょう。大きなズックの袋に詰め込んできた、パリのキッチンの冷蔵庫に残ったお肉やヨーグルトをまずは食べきってから、田舎ならではの食材を探します。

アンチ都会のポリシーにしたがい、ご近所の農家に急ぎます。採れたばかりの野菜や産みたて卵や搾りたての牛乳をいただく。あるいは週末ごとに少しずつ、レタスやラディッシュなどの育てやすい野菜を家庭菜園で摘《つ》むという人もいます。

つまりは、仕事や学校を中心にした、都会での日常から離れることにこそ、田舎暮らしの意義があるのです。といっても往復の高速料金とか、プロパンガスなどの光熱費などの出費はやむをえませんから、出費がまったくないということにはなりません。

もし予定のない週末があったら……

フランス人の大人には、**おもちゃの代わりに会話**があります。**ディズニーランドの代わりに、別荘**があるといっても過言ではないでしょう。

親しい仲間を別荘に招いて、真っ赤に燃える暖炉の炎を眺めながら夜がふけるまで語りあう。愛について、男と女について。そしてたまには、政治や経済についてもしゃべります。

私たちがごく当たり前に使っているお金が、いっさい介在しない生活があるなんて感嘆に値するとは思いませんか。フランス人の別荘生活がすばらしいということをおわかりいただいたところで、どうでしょう。私たちが生まれたニッポンでも、メゾン・ド・カンパーニュの生活を実現することはできないものでしょうか。わが国にも、美しい自然があります。自然の恩恵につかりながら、お金を使わない休日の過し方を実践してみようではありませんか。

安さで買うのは「品格」の大敵

買わない主義のマドモワゼルたち

高くて美味しいものはいくらでもありますが、二尾で二百円の美味しいサンマ、一盛三百円の新鮮なイワシ、百グラム百九十八円の手作りボンレスハム、五個一袋で三百八十円の津軽リンゴ、……安くて新鮮な食材をいかに家族に美味しく食べてもらうかが、ひとえに賢い主婦の才覚でもあります。

これについては洋の東西を問わず、フランスでも同じこと。

前菜に毎日フォワグラを食べていては、グルメのフランス人でも飽きますし、スプーン一杯だからこそ、キャビアのありがたさも増しましょう。たとえお金がなくても、あまねく美味しいものが食べられるという、人の世の理《ことわり》でもあります。

ところが残念ながら、体は平等にできていても、そこにまとう衣服になると話は別です。服を着てバッグをもてばいやおうなしに、一人ひとりのセンスによし悪しが生じるもの。そこでこれから、チープ・アンド・シックに成功した、パリのマドモワゼルたちに聞いてみたいと思います。

インタビューの相手に選んだマドモワゼルは、いずれも徹底して買わない主義を貫く面々。サン・トノレ通りやモンテーニュ通りに軒を連ねる世界の一流品はもってのほか。モンパルナスやサン・ミッシェル界隈にひしめく、リーズナブルなお値段のものにすら目もくれず、それでいてだれもが認めるおしゃれさん。いらないものに押しつぶされてなお、収納グッズを買ってしまう私たちの浅はかな欲望を反省し、シックな装いの彼女たちのおしゃれのノウハウを今こそ私たちは、学びたいものです。

ここに登場する三人は全員マドモワゼルですが、お相手がいます。フランスには、なん年も恋をしていない独身女性はいません。たとえ結婚していなくても、愛する男性と暮らし、子供がいるマドモワゼルもたくさんいます。ここでご紹介する彼女たちもそうした、ごくふつうのパリジェンヌです。

ルイーズの場合

まず、写真学校の教務課に勤務しているルイーズ。エミリオ君という幼稚園に通う坊やがいる彼女の場合は、こうです。

「買わないのが、私の主義。エミリオの服も、同僚の子供が着て、小さくなったのをもらうことにしているわ。モードの学校で先生をしている友達から、教材に使ってあまった生地をもらって、自分で作ることもある。パトリック（彼女のパートナー）からお誕生日のプレゼントに、いつもセーターとスラックスをもらう。ほんとたまに、好きな色のものがバーゲンになれば、買うこともあるかな。フシア（fuchsia）、紫がかった独特のピンクでよほど気に入ったものがあったときだけ、予算オーバーでも買っちゃう。フシアが私の、ラッキーカラーでもあるのよ。

夏前に珍しく、オ・プランタンで若草色のTシャツを、バカンス用に買ったの。素材が気に入ったので試しに買ってみたけれど、若草色とフシアの組みあわせが最高に素敵。私の趣味を知っている親友たちもフシアか、フシアに合う色のものをくれるの。仲間はみんな私のこだわりを知っているから、黄色とか茶系統のものはくれない」

あなたは、ご自分のラッキーカラーをご存じでしょうか。ルイーズのようにあなたも、まわりのお友達にラッキーカラーや好きな色を公言し、せっかくいただくならその色にしてねと頼んでおいてはいかがでしょう。

マグリの場合

次はフランス・テレコムという、わが国のNTTに相当する優良企業に勤務するマグリです。配属はカスタマー・サービスの窓口係ですが、服装には特別な制約はありません。週三十五時間労働になってはじめて、自分たちに役に立つ法律が世の中にあるのを知ったといって、仲間たちを笑わせています。

「数年前に私は、ふえ続ける衣類を前にして、一大決心をしたのよ。一枚買ったら、一枚処分しようと。せっかく引っ越して少し広くなったアパートを、衣類が占領してしまうなんてもったいない。これからは着なくなった服は、近くの教会にもっていこうと決心したの。ところがそう決心したら、なにも買えなくなっちゃった。

さんざん探して買った、お気に入りの服を手放すことなんて、私にはとてもできないわ。ちょうどそのころ、週の労働時間が三十五時間になったの。休みが多くなり、生活にゆとりができたことで私たちは、それまでの生活を見直したの。着るものだけでなく、食料品から家具まで私の今までの消費欲に歯止めがかかったわ。

勤務時間が短くなったから観たいと思う映画にいけるようになり、それまでは写真を見るだけで我慢していたハイキングにもいける。なによりもよかったのは、トマ（彼女のパートナー）といる時間が以前よりも多くなったこと。ハイキングやシネマにいくための出費を優先し、洋服やバッグを買うのは後まわしにしたことで、それまでの衝動買いはなくなった。衣類をふやさない宣言のおかげで、私のクローゼットから着ないムダな服が一着もなくなったのも、大きな収穫よ」

数年前から、失業対策の一環としてワークシェアリングをうたい文句に、フランスでは一般の労働者の就労三十五時間が法律で決まりました。一部上級管理職は該当しないことから、友人のなかには法律が実施される以前よりずっと忙しくなったと嘆いている人もいます。それでも、おおかたのサラリーマンはマグリとトマのカップルのように、休日が多くなって万々歳。時間にゆとりができたことで人々が消費感覚もふくめて、自分たちの生活環境を再検討しているというわけです。

かれこれ十五年近く一緒に暮らしているマグリとトマに、赤ちゃんが生まれることになりました。かといって就労三十五時間になったことが、マグリに出産を決意させたわけではないそうです。同棲はやめて結婚しなさいといい続けていたマグリの実家のおばあさんは、赤ちゃんができたという彼らの報告に大満足。結婚をせっついていたおばあさんも曾《ひい》おばあさんになったことを、心から喜んでいるそうです。

リッチな日本女性は、まとめ買いが得意

三人目のマレーヌは、ヨーロッパの主要都市だけでなく、アメリカと日本でも急ピッチなブティック展開をしているスペイン系アパレル会社に勤めています。彼女の仕事はマーケティングで、今のモードの動向をもっともよく知る立場にいるわけです。

「日本はわが社にとって、フランスよりもむしろ優良なマーケット。

日本担当の同僚がいうには、フランス人とちがってジャポネーズは、一度に複数のアイテムを買うそうですね。色ちがいはありますかではなく、色ちがいもくださいですって。

わが社の製品はフランスのトップ・ブランドにくらべれば低価格でも、フランセーズはそうは思いません。彼女たちは、この世の中に安いものはないと思っているのですからね。

ジャポネーズのことで、もっと面白い話を聞きました。試着してみて彼女たちは、似あうか似あわないかよりも、サイズが自分に合うかどうかで買うか買わないかを決めると。日本人向けに作っているのですから、サイズは合うはずですから、つまり試着した女性はなにかしら買う。ほらね、やっぱりジャポネーズはいいお客様でしょ」

仕事のある日に見せるマレーヌの、スキのないおしゃれがウソのように、オフの彼女はシンプルが信条。ジーンズとワイシャツがトレードマークになっているほど、休日の彼女は別人のようにナチュラル志向です。

パリから百キロほど離れた森の中にパートナーのアンリが、数年がかりで『三匹の子豚』に出てくる末っ子のウーが造ったような、レンガを積み上げただけの頑丈な家を造りました。

電気とトイレなどの水回りを業者に頼んだほかは、壁も床も、テーブルやベッドまですべてアンリとマレーヌの手造りです。それもあって彼女は、休みごとに田舎暮らしを謳歌《おうか》しているのです。分厚い濃紺の大きなカーディガンや革のブルゾンをはおってドーベルマンを連れて森を歩く彼女は、マニッシュな妖精のようです。

それにしても、マレーヌの同僚の、日本女性の分析には笑えます。気に入ったから、全色揃えたいと、この私でも思うことがありますが、たしかにフランス人にはありえない発想でしょう。この三人のパリジェンヌがバーゲン会場の混雑ぶりを見たら、こういうのではないかしら。

「バーゲンだからといって山盛りになるほど、私の欲しいものがあるはずないものね」

私たちのまわりでは昨今、なぜか安物自慢が幅を利かせています。三人のパリジェンヌの話を聞きながら私は、安いということが免罪符になったように、せっせと安物買いに励んでいる自分が恥ずかしくなりました。

サンマやイワシでさえ、値段の安さのほかに新鮮で美味しいという必須条件がつかなければ、私たちは手を出さないはずです。安いからとむやみに買おうとする前に、この三人の言葉を心に留めておきたいものです。

プレタをオートクチュールにする方法、教えます

モードは芸術、おしゃれは創造力

ファッションのことをフランス語ではモード（mode）といい、流行と訳されることが多いのですが、ここで私はあえて流儀と訳したいと思います。というのも、私が親しくしているフランセーズたちは、だれも流行を追わないからです。

トップ・モードの発信地はたしかに、昔も今もパリにちがいありませんが、彼女たちはとてもマイペース。だれもが自分の流儀で、思い思いのモードをお金をかけずに楽しんでいるからです。

なかでもマダム・シャルダンのおしゃれポリシーに心酔しているといっても

いいほど、私は、彼女のセンスが大好きです。

マダム・シャルダンと私は、同じアパートに住んでいたとはいえ、入り口はちがいました。ですからお訪ねする場合は、アパートの大きな玄関に一度下りてから、新たに別の階段かエレベーターで彼女が住む三階まで上がらなくてはなりませんでした。古い建物に後になってつけられたエレベーターにはよくあることで、故障していないときのほうが稀なのです。ですからエレベーターをあてにするよりも、階段を上ったほうが無難です。マダムの家に伺うときにはいつも階段を上ることにしていました。

各階の天井が四メートル以上あるアパートの、日本式に数えれば四階ですから、上るときは青息吐息。ところが彼女の家をお暇して階段を下りるとき、私の足取りはいかなるときも軽快そのもの。

白とベージュのペーズリー模様の布張りの壁。濃紺の革のソファーに同色のカーペットが敷き詰められたマダムの部屋は、飽くなき好奇心を喚起させる空間でもあったからです。マダムのもつオーラに毎回どっぷりつかった私は、自分までエレガントな女になったつもりで足早に階段を駆け下りるのでした。

こうして、自分らしさを表現

エレガントな女性を挙げろといわれたら、すかさずマダム・シャルダンと答えたいと思います。彼女がだれよりもすばらしい点は、なににつけ、彼女のおしゃれが徹底した独自路線をいっているからなのです。

おしゃれは創造力だと、私に教えてくれたのがマダム・シャルダンでした。「モードは芸術よ。私にとっておしゃれは、文章を書き、絵を描くのと同じ。モードはれっきとした、自己表現の手段ですもの。だからブティックに並んでいるプレタ・ポルテを買って、そのままは絶対に着ない。安くて、だれにでも合うように工夫されているから、私もこの近所のブティックにディスプレーされているスーツやセーターを買うわ。でも、直さずにそのままは着ません。というのもメーカーは、私のためだけにスーツを作っているわけではないのですもの。

プレタ・ポルテを選ぶ基準は、**まず生地が気に入るかどうか**で決める。**サイズに問題がなくても、シルエットには手直しが必要よ。**スーツで気になるのが、ジャケットの袖口の幅とスカートやパンタロンのカッティング。

それとジャケットを生かすも殺すも、**ボタン次第。**買ったときについていたプラスチックのボタンは、すぐに外さないとだめ。外して私がもっているボタンにとり替える。私のコレクションの中から、気に入ったボタンを選んでつけ直します。アクセサリーもいいけれども、機能美のあるボタンが私は大好き。

ボタンは十七世紀に生まれてから今日まで、私たちの生活になくてはならないものよ。オニキスや牛角、ガラスの古いボタンを新しい服につけるの。ミラノのボタン専門店で見つけた、色ガラスのモザイクも素敵だし、シルクの太い糸で編んだレースや黒いガラスも大好き。数が足りなかったら、ひとつずつちがうボタンをつけてもいいわ。友達が外国で買ってきてくれたものもあるし、メード・イン・ジャパンにも、神秘的でいいものがあるのよ」

人まねは私の主義ではありませんが、いつのまにか私もボタンのコレクターになりました。

おしゃれの王道〝チープな服のシックな着こなし術〟

それにしても、スーツでもブラウスでも、買ったままでは着ないというマダム・シャルダンの一風変わった主義が、実はとても合理的でもあるのです。アンティークのボタンがついたスーツを、想像してみてください。ボタンが変わっただけで、チープな既製品のスーツもオートクチュールの仲間入りです。

昨年末、なん年ぶりかで十七区にお住まいの、彼女をお訪ねしたときに着ていらしたクリーム色のパンタロンスーツのボタンは、表面に美しい花のレリーフが刻まれたアンティークの黒いガラスのボタンでした。色とりどりの樹脂のボタンが並んだ、彼女の黒いブレザーも、私は好きです。ふだん家にいるときのマダムは、スカートやパンタロンとセーター。夏は上にTシャツや薄いブラウスを着たりすることもありますが、いつも大変オーソドックス。

着るもののパターンとしては、マダムはいつも同じです。彼女のような女性が真のおしゃれさんだということに、お付きあいするようになって早々に気がついたのでした。

おしゃれに対するポリシーが確立している、そんな彼女が私の憧れの女性です。

あるとき私はまたまた、マダム・シャルダンのリフォーム現場に居あわせたのです。近所のブティックで買ってきたばかりのスーツを着たマダムが、大きな鏡の前で真剣にシルエットのリフォームにとりかかっていたのです。

私たちのアパートはスノッブな地区ということになっているパリ六区ですが、道を渡ればカルチェ・ラタンと呼ばれる文教地区です。大学の集中地区でもありますから、若い人相手の安いものを揃えたブティックには事欠きません。その中の一軒の、ラ・シティーというブティックの袋が、ソファーを占領しているではありませんか。パンタロンの裾上げや袖丈のお直しも当然、マダムは自分でします。一時間やそこらで、スーツ上下のリフォームもしてしまいました。

ジャケットの左右の袖口をまち針でつまみ、袖口に大きなボタンをつけました。前の三つのボタンも外し、袖口につけたのと同じボタンにつけ替えました。次に、わずかに広がっていたパンタロンの裾を、シガレットパンツに改造。パンタロンを裏返し、膝のあたりから裾にかけて定規で直線を引きました。それからは大胆にも、鋏《はさみ》でパンタロンをチョッキンチョッキン。

どこにでもあるプレタ・ポルテが、ちょっとしたパーティーに着ていけるような、シックなパンタロンスーツに生まれ変わったのです。

あなたは今、こう思っているのではないでしょうか。たとえスーツが安くても、それだけの手間をかけたくないと。ボタンを替えて袖口を詰め、パンタロンの形を変えるくらいなら、いっそ少しくらい高くても、そのまま着られる服を買いたいと。

マダム・シャルダンに、ここと、そこ、そことここを直したのといわれたときには私も、今のあなたと同じ意見でした。ところが実際に、リフォームを終えたスーツを誇らしげに着たマダムを見たとたん、私の気持ちは百八十度変わってしまったのです。

どんなにお金を積んでも、十九世紀に職人さんが丹精込めて作ったボタンが並ぶジャケットは、この世にたった一着だけ。

そして、これはご本人たちフランセーズにはあまりいいたくはないのですが、彼女たちの心のどこかに、安物を上手に着こなすことこそおしゃれの王道だとする気持ちがあるのではないでしょうか。

サン・ローランやジヴァンシーの才能は、モードが芸術と確信するフランス人にとっては誉れにちがいありません。ですが、これみよがしにトップ・モードを着るのはエレガントではないと思う気持ちが、彼女たちにはあるのです。

トレンチコートは、一度雨の日にヨレヨレにしてからでないと着ないといったダンディズムに一脈通ずる、それがエレガンスの真髄でもあるのです。

思い出のTシャツをルージュに染めて

服を着替えるように、髪も……

「メ・ノン！　日本女性はなぜ、キレイな黒髪を、フランセーズみたいに染めちゃうの！」

十年ぶりに東京にきたフランス人の友達が私と会って開口一番、こういいました。

親日家の彼はフランス語に翻訳されたミシマをすべて読み、日本女性が大好き。奥様はフランス人ですし、べつに日本人の恋人がいるわけではありません。だれもが島田を結っていたころの私たちの黒髪と笑顔を絶やさない日本女性が、世界で一番チャーミングだという、私たちにとっては大変ありがたいムッシュです。

彼の名前はオードレ。白くて大きな牛とリンゴの木がトレードマークの、パリの西に位置するノルマンディー地方の出身。食卓にはチーズと生クリームを欠かさない、フランス人を絵に描いたような優しい男性です。

その彼が久しぶりに訪れた東京で期待をもって眺めた日本女性が、揃いも揃って髪をカラーリングしていたのに嘆くことしきり。カラーリングしている女性たちの髪について、これではフランセーズとちがわないといわれた私は、こそばゆい気分になったのでした。

たしかに今では、私のまわりでもカラーリングをしていない女性を探すのはむずかしい。女性だけでなくオジサンたちまでが、せっせと白髪を染めています。二十数年ほど前から、東京の渋谷あたりにいる女の子たちに金髪が目立ちはじめ、そのうち男の子たちまでがゴールドやシルバーの髪になったのには、たまに東京に戻る身の私にはなんとも驚きでした。

今ではカラーリングをしていない若者を見かけると、懐かしさよりも珍しさが先にたつような気になりますから、慣れというのは恐ろしいものです。若い人たちのなかには、目立つことが自己主張だと勘違いしている向きもあるようです。この際ですから目立ちたい子は派手に髪を染めないで、どうぞ地毛のままでいらしてください。今となっては染めていないナチュラルヘアーのほうが、金髪や銀髪よりも目立ちますから。

カラーリングに関しては、フランセーズは私たちの大先輩です。いくら長く付きあっている仲間でも、私は彼女たちの染めていない地毛の色を知りません。

ひょんなことから彼女たちの身分証明書を見せてもらう機会があると、本当はブロンドではなく、栗色のシャタンだったなどということもままあります。日本にはありませんが、十八歳になるとフランス国籍を有する全員が所持義務を負うフランス人の身分証明書は書き換え不要なのです。ですからなん年たってもフランセーズの身分証明書の写真は、歳をとりません。そして身分証明書を交付してもらったときと同じ髪の色をしたフランセーズは、まずいないでしょう。毎月のように、ころころと色を変えている女性もいますから。

ところが彼女たちが染めるのは、自分の髪だけではありません。もちろんへアダイのパンテーンで染めるわけではありませんが、Tシャツなどはいとも簡単に染めてしまいます。わが国にもカルチャーセンターには、草木染とか藍染《あいぞめ》の教室がありますね。和の世界を堪能できるので、私もそのうち参加してみたいと思っています。

フランセーズの場合は染色をするといっても、別に教室に通うわけではありません。スーパーの染料コーナーに並んだ、小さな容器に入った染め粉を買うだけです。髪を染めるときのようにゴム手袋は欠かせませんが、とても簡単。くり返し洗っているうちに黄ばんでくる白いTシャツも、染め液につけておくだけでお好みの色に仕上がるのです。

捨てないで染める、思い出たっぷりのTシャツ

パリの町は洗濯物を、アパートのベランダや窓の外に干すことができません。

町の美観を損ねるという理由で、暗に禁止されているのです。外に干したからといって、警察に注意されたり罰せられたりという話こそ聞きませんが、だれも屋外には干しません。一部例外をのぞいては。

人種の坩堝《るつぼ》といわれるように、パリはさまざまな民族が雑居する町です。イミグレと呼ばれる移民労働者も多く、その中でもとくにフランスの旧植民地、北アフリカのアルジェリアやチュニジア、モロッコなどのマグレブ諸国の出身者が多く住んでいます。彼らは生まれ育った国の生活習慣から、洗濯物をアパートの窓の外に干すのです。ですから私たちは道を歩いていて、窓の外に吊るしてある洗濯物を目にしたときには、その地域に漂っている異国情緒を感じることになるのです。

洗濯物は人目に触れる屋外に干さないパリでは、お風呂場で乾かします。ですから洗濯物が家族以外の目に触れることは、まずありません。

ところがある日、クローディアという可愛い名前のマダムにお茶に呼ばれて伺ったときのことでした。お茶のしたくのお手伝いをしようと、勝手知ったるマダムのキッチンに入ると、部屋中が真っ赤っか。真っ白な壁といわず食器棚にも、真っ赤に染まったTシャツやコットンの布がハンガーに吊るされて干してあるではないですか。ギョッとしている私にクローディアは、

「今日の私はタンチュリエールよ」

タンチュリエール（teinturière）とは染め物屋さんのことです。コーヒーのポットを右手に、左手にクッキーが載ったお皿をもって、ニッコリ笑いながらクローディアがいったのです。

それにしても、ルージュ、ルージュの驚きでした。ハンガーにかかり、乾きかかった一枚の胸には、ラングドック・ルシヨン（Languedoc-Roussillon）の黒い字がはっきりと浮き上がっていました。その隣に干してあったLLサイズのTシャツは、一九八六年のカンヌ映画祭のときに売り出されたものにちがいありません。

「なんとキレイに染まったのかしら。今日はお天気がよかったから、とくにうまくいったのよ。いいでしょ、新品よ。白いTシャツはいいわね、染めやすい

もの。ブルーにしようかと思ったのだけれども、ルージュで正解。黒い文字が、こんなにくっきり出たのよ」

そういって自画自賛するクローディアでしたが、これならば自慢してもいいと、私も思いました。そして私が嬉しかったのは、真っ赤なTシャツの胸に書かれていたラングドック地方でのバカンスに、私もご一緒したからでした。

スペインと国境を接し地中海に面したラングドック地方の西の外れに、コリウールという、最高に美しい海辺の村があります。かつて、サーディンの缶詰の生産量フランス一を誇っていた村です。マチスやブラック、デュフィなど、フォービズムの画家たちが制作に励んだ場所でもあります。甦った真っ赤なTシャツが、二十年近く前の真夏の、クローディアたちと過したコリウールでのバカンスの記憶を、鮮明に思い出させてくれたのです。

その日の午後のお茶は、過ぎし日のラングドック地方のバカンス話で大いに盛り上がったのでした。それもこれも、クローディアが旅先で買った、黄ばんだTシャツを捨てずにいてくれたおかげです。

彼女の興奮とは裏腹にやがて私は、珍しく後悔の念にさいなまれたのでした。ラングドック地方のコリウールにいこうといい出したのも私なら、Tシャツを見つけて買おうといい出したのも、この私だったのです。そのくせとうの昔に、クローディアとお揃いで買った記念のTシャツを捨ててしまっていたからです。白いTシャツを赤くできるなんて、私には思いつきませんでした。

しばらくして近くのマルシェで会ったクローディアは、真っ赤なTシャツと黒いチノパン。ブロンドの髪を、あのとき残った染料で染めたといっていた真っ赤なコットンの布でまとめ、ひときわ鮮やかでした。野菜や果物が並んだマルシェの一角から姿を現したときの彼女は、ルージュの君のお出ましといったところでした。

4章

自由とナチュラル感をまとって、生まれ変わる！

──さなぎから蝶へ！　変化は目の前です！

「しばり」のない、さわやかなおしゃれがベスト

幻想の「おフランス」

フランスなら、さぞや豪華なパーティーがあるでしょう?

クリスマスには、だれもが正装で聖夜の晩餐を待つのかしら?

大晦日は、サテンのドレスや髪に金の羽飾りをつけたコスチュームで、朝まで騒ぐの?

ところでフランスの入学式や卒業式に、ママたちはどんな服装で学校にいくの?

フランセーズは、エレガントな女性の代名詞。キッチンに立つ彼女たちがジーンズとTシャツでも、マルシェのお肉屋さんの前に並ぶ彼女たちがヨレヨレ

のワンピース姿だったとしてもあなたは、ここ一番のときの彼女たちはきっと、見ちがえるようにエレガントな女性に変身するにちがいないとお思いではないでしょうか。なんといっても彼女たちが暮らしているのは、頭に「お」がつく「おフランス」。世界広しといえども、「お」がそえられる国はフランスのほかにありません。おイギリスもなければ、おアメリカ、おドイツというのも、聞いたことがありませんものね。

ちがう。そうじゃないんだ、尊敬じゃない。フランス人の気どりが気に食わない。フランス人の高飛車な態度には、まったく愛想がつきる。そんなけしからんフランス人を揶揄《やゆ》して「お」をつけているだけだと殿方がおっしゃったとしても、「おフランス」の威光はいっこうに陰るものではありません。それに私たちが「おフランス」といおうとも、当のフランス国民は、ゆめゆめ私たち日本人に皮肉られているとは思いません。

女性のあなただけでなく、わが国の男性諸君が素顔の彼女たちを知った暁にはきっと、こうおっしゃることでしょう。なーんだ、フランスの女性たちは、ぜんぜん気どり屋なんかじゃないと。あるいは、彼女たち、ムダがなくてなかなかいいよね、お金をかけなくてもあれだけおしゃれができるとは、見上げたものですよと。

フランス人の小難しい性格や厄介な思考回路はともかくとして、エレガント風を颯爽と吹かせるフランス女性のだれもが見かけとは裏腹に、実にしまり屋で合理的なのです。

自分をより美しく見せる演出に頭はひねるけれども、お財布のヒモはゆるめない。パリ時代の私の周辺にいたフランセーズたちの顔を今、ひとりずつ思い出している私には、草の上に敷いた筵《ござ》に落ちたオリーブの実を石臼で潰してオイルを抽出する根性で、恋人や夫たちを唸《うな》らせることに生き甲斐を感じている彼女たちの姿が浮かびます。

本場パリにいけば、フランセーズみたいにエレガントになれるのではないかしらと思っているあなた。ノートル・ダムやルーヴル宮殿のような歴史建造物に囲まれて暮らせば、パリジェンヌみたいにシックになれるかもしれないと思っているあなた。そんなあなたに私は、短期間でもいいからフランスへ、パリへおいでなさいと申します。フランスの水をお飲みになればあなたは、まちがいなくエレガントな女性に生まれ変わることができると、私が太鼓判を押します。そしてご出発の準備段階で、フランス人についての基礎知識としてガイドブックはそこそこに、この本をお読みになることをおすすめしたいと思います。

三十年前、パリで暮らすことになった私に母がこういいました。

「パリではきっと、豪華なパーティーのお呼ばれもあるわよ。だから葉ちゃんも一着、イブニングドレスをもっておいきなさいよ」と。そして最初に一時帰国した私に、母はこういいました。

「どうしたの。せっかくパリで暮らしているというのにあなた、ちっともおしゃれになっていないじゃない」パリに発つ以前の娘はもっとずっとキレイだったと、世代的にフランスかぶれの母は切なそうな目をして、私を眺めたものです。

パリに暮らしはじめた私にとって、フランス人たちの、とくにフランス女性の日常的な気どりのなさは、今にして思えば最大のカルチャーショックでした。ですから日本式の価値観とは正反対の、フランス式の気どりのなさに圧倒されていただけの、いうなれば過渡期の私は、彼女たちのおしゃれの本質を知るまでにはなっていなかったのです。たとえば、土曜の午後のお茶の時間、ご近所のお宅に招かれたときの私は、白い花ばかりで作った上等なブーケをお土産に、そのころわが国ではやっていたシャネル風のスーツを着ていったのです。もちろん居あわせた方々から非常識だとおとがめを受けたりはしませんでしたが、私のなりだけが仰々しかった。ほかの方はみなさん、パンタロンにワイシャツ、スカートにセーターといったラフな服装だったからです。

それからというもの、午後のお茶に誘われた場合の私の服装も、ただただフランセーズの右へ倣え。

さりげないふだん着に、キラリと光るおしゃれ感覚が身につかないまま一時帰国した私の装いが、パリに憧れていた母をいたく落胆させてしまったというわけです。ところが五年、十年、十五年……の歳月が私に、ものの見事にフランス女性のけちけちおしゃれ術を仕込んでくれたのです。

そうなればしめたもの、東京に一時帰国する私に、パリかぶれの母の好奇の眼差しが降り注ぐことになりました。「へーえ、フランス人って、これでいいのね」と母は、私がパリから着て帰った裏なしの洗濯機で丸洗いできるシンプルなコーデュロイのコートを、ためつすがめつ眺めました。また、「フランスでは、これがおしゃれなのね」と感心しながら母は、そのままテーブルクロスに化けてしまいそうな、一枚布のパラオと呼ばれる巻きスカートを広げました。ブランド品で身を固め、「おフランス」気分どっぷりの姿の娘の帰国を楽しみにしていた淡い期待はあっけなく裏切られたものの、母はいつしか私の本当はチープだけれどもそうは見えない、どことなくパリっぽい装いのファンになってくれたのです。そんな彼女の口癖が、これでした。

「そうよね。これでいいのよね。やっぱりフランスは素敵だわ」

フランスの学校は幼稚園から高等学校まで、入学式や卒業式がないことも、母を最初は驚かせ、のちに感心させました。一度ぐらい卒業式で、子供の成長に目を潤ませてみたかったと、思わないでもありません。

ドレスではなく、自分にこだわる「しばり」のなさ

なにが素敵かといって、フランス女性のファッション感覚の優位性は一言、「しばり」のなさにあります。ガードルをはかず、ブラジャーをしない女性が多いのもたしかですが、ここで申し上げたいのは身体を締めつける、物理的な縛りについてではありません。

たとえば、パーティーだからといって、ピカピカ光るサテンのドレスでなくてはならないものではありません。お葬式だからといって、黒い服でなくてはならないわけでもないのです。大勢が会する、その場の雰囲気にふさわしい服装という共通意識がありさえすれば、それで十分。そしてパーティーをより満喫できそうなコスチュームの人たちが、その晩のヒーローやヒロインになるのです。

パーティーのシーズンになるとフランス中のスーパーの衣料品コーナーには、

所狭しとパーティーグッズが揃います。カクテルバッグや、サテンのロングドレス。鳥の羽をあしらった帽子や、フェイクファーのストール。イミテーションの巨大なルビーやダイヤモンド、派手なチェーンやラメのスカーフ。そのどれもが、子供のおもちゃ並のお値段というのが笑えます。

なかでも一番人気は、黒のロングドレスとロングスカート。年に一度のクリスマスイブにしても、大晦日のドンちゃん騒ぎのためにも、その一着さえあれば鬼に金棒。あとは濃い目にメイクし、香水をいつもの倍ほどふりかければパーフェクト。伸縮自在のトリコット地ですから、少々太っても大丈夫。大振りのコサージュや鳥の羽が、大切なセレモニーを盛り上げるために一役買ってくれるのです。

ですからパーティーが近づくと女性たちは、こう思いをめぐらせるのです。

「さーて、今年はどんなパーティーになるかしら」と。

それでもたまには、敷居の高いパーティーもあります。パリではじめてドレスコードつきのパーティーの招待状を手にしたときは私も、さすがに躊躇《ちゅうちょ》したものです。招待状に tenue de soirée《トウニユ ド ソワレ》と記されている以上、正装を意味します。厳かな金文字で主催者と会場、開催日時が記されている招待状を握りしめた私は、その足でマダム・ブルドンクルが住んでいるアパートに向かったのでした。

数年前、南仏の高齢者用のレジデンスに引っ越してすぐに、残念ながら他界されましたが、彼女は私の数少ないブルジョワのマダムの親友でした。マダムのアドバイスが欲しくても今となっては、電話で気軽にというわけにはいきません。ですからマダムが以前、こうおっしゃったことを反芻《はんすう》しながら私はその後も、ロワールのお城でのパーティーへもグランドホテルのガラディナーへも参加し、楽しいひとときを過すことができました。

「男性はタキシード、女性はロングドレスなら、あとはめんどうなことはありません。今は手袋もいりませんし、ワンピースでなくてロングのスカートでもかまわない。その晩餐にお集まりの紳士淑女が醸し出す、**その場の雰囲気を邪魔するような不躾ななりでなければ、あなたのお好きななりでいらっしゃい**」

パーティーは本来、女性たちが主役。格式が高くなればなるほど、より華やかになりましょう。お集まりの方たちの中には、ふだんは金庫にしまってあるような、本物の高価な宝石を身につけている女性もいます。有名女優が参加していることも珍しくはありません。だからといって、だれひとりとして女性たちのドレスや宝石の値踏みをするような無粋な人たちはいません。パーティーは、宝石やドレスの品評会ではないのですから。

またまた「おフランス」の幻想を壊すことになりますが、フランス人といえども、タレントや俳優でもなければ、ウィーンで開かれる舞踏会の招待状がまい込むことはありません。

パリにもラリーといって、ごくごく一部のお嬢様とお坊ちゃまが参加する社交界があります。ラリーに参加するのは、元貴族の、といってもフランス革命で貴族の称号は廃止されておりますから、二百年以上も昔に貴族だった方々の末裔と、今の世の中でケタちがいにリッチな方々の子供だけ。

極めて少数派のラリーはともかく、白い馬車に乗った王子様に憧れる時期を卒業したマダムとマドモワゼルは、チープでシックな晴れの日にふさわしい衣装に頭をひねります。着まわしが利いて、後々ムダにならないというのが、ドレス選びの条件でもあります。

新郎新婦に心からの祝福の気持ちを抱きながら、披露パーティーへ。または一年がことなきをえたことへの感謝の気持ちを抱きながら、レヴェイヨンの大晦日のパーティーへと、愛する男性にエスコートされて急ぐ、飛び切りエレガントな彼女たち。彼女たちの到着を喜ぶ、シャンパンのコルク栓が弾ける音が聞こえるようです。

フランス人が制服を嫌う理由

制服はナチズムの象徴です

制服といって、まずイメージするのはセーラー服。白やワインレッドのリボンがのぞく、紺サージの女学生の制服です。完璧メイクのギャルたちのご活躍で、清純さの代表だったセーラー服への憧れは残念ながらなくなりました。それでも駅のプラットホームでおしゃべりをしている制服姿のふつうの女の子たちは、まだまだ可愛いものです。

ところが制服というと眉をしかめるのがフランス人です。フランスだけでなく、ヨーロッパの人たちはおしなべて、制服を歓迎したりはしないものなのです。パリの十人の友達に私は、制服のイメージを聞いてみました。

制服が好きか嫌いかという問いについては、十人全員が嫌いと答えています。

① 制服で連想する職業、役職は。

工場労働者 ……8人
ユダヤ人収容者 ……8人
パリの清掃作業員 ……6人
エールフランスの制服 ……3人
おまわりさん ……3人

一人が二つ以上を答えている場合がほとんどでした。

二問目はこれです。

② 制服でイメージするのはどんなこと。

ユダヤ人収容所 ……10人
強制収容所 ……7人

ベルトコンベアー　………6人
サッカーチーム　………5人
修道院　………5人

タテ縞の服に、男性も女性も丸坊主に刈られた頭。あばら骨がむき出しになって、生ける骸骨となったユダヤ人たち。ヨーロッパの人たちには、拭い去れない忌まわしい歴史があります。

第二次世界大戦の終結からすでに六十年以上になりますが、ナチスの悪魔のような蛮行がことあるごとに人々の心に訴えます。たとえば極右のネオ・ナチの台頭に、神経をとがらせます。そして制服もまた多くのフランス人にとっては、ナチズムの象徴でもあるのです。彼らがお揃いの服で連想するのは、ユダヤ人が着せられていたタテ縞のヨレヨレの服と、ヒトラーの親衛隊。

ユダヤ人収容所しかりで、フランス人が制服に抱くイメージには、いつも強制されているという感情が働きます。飛行場のエールフランスのカウンターで、トランクの重量オーバーを厳しく指摘する職員にも制服がありますし、世紀のヒーローのジダンを生んだサッカー選手も試合中はユニホームです。でもフライトアテンダントやサッカー選手の場合は、一般の乗客や相手側の選手と識別するための制服ですから、例外的に強制されているイメージとはかけ離れます。リベルテ（liberté）、つまり自由が最優先するのがフランスのフランスたるゆえんと思えば、強制と紙一重の制服を嫌悪する彼らの気持ちも理解できるというものです。ちなみに、トリコロールで知られる青・白・赤の三色は、自由・平等・博愛を象徴しています。

自由なあなたが選ぶ、自由のための服装

フランスの学校には、始業式も終業式もありません。ですから、子供たちが一堂に会し、校長先生に向かって礼をする習慣がありません。学校だけでなく会社にも、朝礼というのはありません。

仕事がはじまる前にミーティングらしきものがあり、リーダーのまわりに数

人が集まり、注意事項に耳を傾けることはありますが、整列して拝聴するといったお行儀のいい行事は皆無です。ある人は机に腰掛け、またはコーヒーのマグカップを片手に、気儘《きまま》なポーズでミーティングに臨むのです。

フランス人が大勢集まって、静かに整列している光景がはたしてあったでしょうか。

長いパリ暮らしの日々を回想してみたのですが、そうした場面は決まって教会関係のイベントなのです。ノエルと呼ばれるクリスマスのミサに集まった人たちは、神父様のお話に耳を傾けます。教会での結婚式のミサにも、参加者は前の席から順番に詰めて着席。当然ですが、お葬式には全員が厳粛な気持ちでミサに参列します。宗教の自由を尊重しながらもフランスは、永遠に国教はカトリック。とはいえお葬式だからといって、わが国のように真っ黒々の装いというわけではありません。

ピンクや赤の服で喪に服す人はいないまでも、お葬式の服装に黒という決まりはありません。棺を担ぐ人は葬儀人で、白いワイシャツに黒いネクタイをしていますが、ほかの方たちは黒っぽい程度の服装。男性は黒の略礼服で女性は黒のフォーマルに限るという日本での衣服の常識は、フランス中どこを探してもありません。いつのころから私たちに、喪服にパールのネックレスと、最近はストッキングも黒が定着したのでしょうか。靴やハンドバッグからスーツまで、喪服一式をもっていない女性は、わが国にはまずいないでしょう。そう思えば私たち日本人は、やはり制服好きということになりそうです。

制服を嫌悪する気持ちが潜在意識にあるフランス人は、なにかにつけてお揃いを嫌います。一人ひとり、考えていることがちがうのですから、着たい洋服もちがうはず。一人ひとりが自分にふさわしい装いをしてこそ、自由な発想ができると、彼らは思っているからなのです。

よく見るとふつうの人、よく見るとおしゃれな人

自己アピールが苦手な日本人

黒い瞳、黒髪のサラ。透き通るような白い肌の放つエキゾチシズムと、持ち前の機智に富んだキャラクターで彼女は引っ張りだこの人気者。そろそろ四十になるはずですが、年齢不詳の不思議な女性。黒髪といえば日本人の特権と思っていた私に、ヨーロッパにも美しい漆黒の髪をした女性がいることを教えてくれたのが、サラでした。

私たちが知りあったのは、彼女が十代、私が二十代のそれぞれにとって最後の夏のことでした。今では片言の日本語をしゃべる彼女にはパリに住んでいる日本人の友人も多く、フランス人の仲間内でも知日家で通っているようですが、

日本人の友達第一号はこの私。そして東京に戻った私の家にきてくれたフランス人第一号も、彼女なのです。

フランス人のサラはパリで私に、なん人もの日本人を引きあわせてくれました。数年前まで彼女には、東京でワインの輸入代理店を営んでいるアマン（愛人）もいました。私が彼に会ったのは、パリの中心にある、サラがひとり暮らしをしていた小さなアパートで開かれたホームパーティーのときでした。成田発の深夜便で未明のパリに到着し、そのまま飛行場でレンタカーを借りてブルゴーニュ地方のワインの里、ボーヌにいって仕事を終え、トンボ返りでパリに戻ったばかりだと、そのときの彼は疲れきった様子でいっていました。

安いワインなら飛行機を使って現地にいかなくても事足りますが、彼が主にあつかっているのは、ボルドーの五大シャトーとかブルゴーニュのロマネ・コンティのようなレアものばかり。自ら買い付けにこないことには、埒《らち》があかないともいっていました。その男性はサラのことを、パリの恋人だと思っているようでしたが、彼女をよく知っている私には、そうは思えませんでした。かといって彼女が彼に対し、思わせぶりの悪女を演じていたというのではありません。日本人の彼が自分のことを、パリの恋人だと彼の友人たちにいっているということは、サラも感じていました。それをあえて否定したりはしていないようでしたが、それだけ。

十代のころからの彼女を知っている私には、サラがこういっているように思えたのです。私のことを恋人と思いたいのなら、勝手に思えばいいけれども、私はなにも聞いていないと。つまりワイン商の彼女への恋心は、あくまでも一方通行だったということなのです。つまりはサラにとって彼は、大切な男《ひと》にはならなかった。そういえば彼女がその日本人の男性から愛を告白されたとは、ついぞ私も聞いたことがありませんでした。

それからしばらくして彼女は、べつの日本人の男性と今度は一緒に暮らしはじめました。

プルーストだったかマラルメだか、私には原書で読むことができないような、難解なフランス人作家を研究テーマにしているわりにはさばけたタイプの、とても感じのいい青年でしたが、数カ月でさようなら。

日本人の私が、パリで、フランス人に日本人を紹介されると聞いて、あなたは不思議なことがあるものだとお思いではないでしょうか。サラに私を紹介されている日本人は、あなたと同じように内心では怪訝《けげん》な気持ちがなきにしもあらずにちがいありません。フランス人のサラにとっては、彼女が付きあった私や彼らが、たまたま日本人だっただけのことなのです。その意味では私のことも、彼女は、日本人である以前にひとりの友人としてとらえてくれているというわけなのです。

そんな彼女が話したこんな日本人観が私には、とても的確に思えるのです。

「日本人は、自分をアピールするのが下手よね。

はじめは彼らが、ティミッド（恥ずかしがり屋）なのかと思ったけれども、そうでもない。フランス人にもティミッドな人はたくさんいるし、私だって恥ずかしいと思うことはある。

でもしばらくして、本心では彼らは目立ちたいと思っていると気づいたの。その人が目立つということは、他人がその人のことを見ているということよ。自分のことをわかってもらうためにはまず、見てもらいたいし、そのために目立ちたい。けれども彼らは、人前で自分を表現するためのパフォーマンスができない。言葉の問題もあるけれども、それだけではないわね。言葉ならパリには、もっとできない人たちもいるもの」

どうしたら、自分を上手に表現できる？

「パリにいる日本人がみんな、イタリアンかフランセと結婚すればいいのに。イタリア人と暮らせばどんな人も、言葉ができなくても、ジェスチャーでコミュニケーションがとれることがわかるでしょう。少なくともパリにいる日本人だけでも、自己表現がうまくなると思う。生まれてくる子供たちが、どちらの性格になるのかということに興味がわくわね。

日本人の女の子たちは素直で従順で可愛いし、よく見るといい格好をしているけれども、だれもがそっくりで、ケイコかミチコかレイコか、顔と名前を覚えるのに時間がかかる。ドイツとかイギリス、トルコ、アルジェリアの人の名前はすぐに覚えられるのに、日本人は男性も女性も特徴がないの。一部の日本人をのぞけばね。

日本からパリ・コレのときにくる人たち、集団としては目立つわね。私もアテンドの仕事をよくするけれども、モードの世界の日本人はオール・ブラック。日本人だけでなく、モードのジャーナリストはどこの国でも黒系が主流ではあるけれども、その中でもとくに日本人がカラス集団みたいに群れている。

日本人だけで固まっていないで、バラバラになればいいのに。一緒に仕事をするのは楽しいけれども、日本からバーッときて、バーッと帰っちゃう。

イッセイもヨージも、もちろんケンゾーもすばらしい。

よく見れば本当に、日本人っておしゃれよね。それにしても、やっぱり一人ひとりは目立たないわよね。

私なんか、無視されたり気がついてもらえなかったりすると、ものすごく傷ついちゃう。どうして日本人は、せっかく遠いパリまできているのに、無視されても平気なのかしら」

パリに住んでいる日本人だけではなく、たしかにサラがいうように、よく見れば日本人はおしゃれをしています。世界一の給与水準を誇っている国なのですから、アルジェリアやトルコの人たちより金目のものを身につけていても不思議ではありません。その反対にフランス人は、よく見ればどうということはないのに、とてもおしゃれに見えます。

目立つということは自己表現でもあると、私は思います。パリだけでなく、ロンドンのピカデリー・サーカスに集まっている人たちも、ミラノのドゥオモの前にいる人たちも、ローマのトレビの泉の周辺にいる人たちも、ウィーンのオペラ座にいる人たちも、どの日本人も目立つどころかくすんでしまっているではありませんか。

最近の若い人たちのように、なんでもいいからとりあえずは目立ちたいというのとはちがいます。これだけ大勢の人間が、日夜うごめいている世界の中で、あなたのほうに目を向けてもらわないことには、なにごともはじまりません。

あなたの**自己表現のセンスのよし悪しが、エレガンスの基本**です。それがなによりの証拠に、今日一日、あなたが目をとめた女性の姿を思い出してみましょう。彼女が、近くにいたほかのだれよりも目立っていたからではないでしょうか。

目立つというのは、あなた自身を表現するためには欠かせない要素にちがいありません。

「色」からはじまる、パリ風おしゃれ

あなたに一番似あうのは、なに色？

おしゃれなパリジェンヌの、靴やバッグなどの小物選びの決め手は、もっぱらcouleur、つまり色です。そのことを私に教えてくれたのが、パリ時代の親友のカティアでした。

「私にはルージュやブルー、ジョンヌ（黄色）が似あうの」

そういって彼女は、ショルダーバッグとお揃いのヒモで結ぶ赤い靴を買ったのでした。

いいものはいいと思うけれどもお値段が問題というのが、パリジェンヌの本心にちがいありません。いいものは高くても、しかたがないじゃない、欲しいのだから、といったユーザーは、パリジェンヌにはいません。彼女たちにとって有名ブランドのバッグは、自分のお給料で買うには高すぎます。かといってフランス人のお給料が、わが国のそれにくらべて、ものすごく低いというわけでは決してないのです。優先順位といったら冷たく聞こえますが、彼女たちは、ハンドバッグに大枚をはたくくらいなら、もっとお金を使う先があると思っているのですから。

ノーブランドバッグのなん倍もするルイ・ヴィトンのハンドバッグを買うお金があったら、たとえば旅行費用にあてたいと彼女たちは思うでしょうし、アパートのリフォームのために、あまったお金をとっておきたいと考えることでしょう。

彼女たちにしてみれば、エルメスもルイ・ヴィトンも、買いたい人が買えばいい代物。諸外国から観光都市パリを訪れる数え切れないほどの女性たちが、こぞってフランスの誇るブランド品を買ってくれるのですもの、それでいいじゃないですか。この町に住んで生活している私たちには、もっと安くて自分に似あうものもあるしね。そんなパリジェンヌのささやきが聞こえてきます。

以上はパリジェンヌの、金額から見たブランド回避論。ところが、そんな高いお金を払ってまで買うに値しないと、彼女たちのブランド品に対する購買欲を萎えさせるもっと別な理屈が、実は色にあるのです。

ブランドものには「色」がない

グレーのロングヘアーに、かかとまでの長いスカートをはいているカティアは、私がいつも航空券を買っていた近くの旅行代理店の主任さんでした。

独身の彼女は、いくつになってもマドモワゼル。同じ男性と長く一緒に暮らしている女性によっては、正式に結婚していなくてもマダムと呼んでという人もいるのですが、カティアはマドモワゼルのまま。知りあってこのかた、ずっとムッシュ・パコーと一緒に暮らしている彼女に、まったく結婚の意思はありません。なぜ結婚しないの、という私の問いに対して彼女は、なぜ結婚しなくてはいけないの、する必要がない、というのです。ですからカティアはだれかにマダムで呼ばれると、決まって自分はマドモワゼルだとマメに訂正していました。

その、フランス女性らしい彼女が私に教えてくれたブランド無視の理由が、色にあったのです。

「ルイ・ヴィトンとかディオール、セリーヌなどのブランド品は、私には似あわないの。子供のときはマロンだった髪の毛が、いつのまにかグレーになってから、色にとてもデリケートになった。グレーの髪には、ブルーやルージュ、ジョンヌ(黄色)、ヴェール(緑)は似あうけれども、黒や茶色のロゴマークのあるダークな色調はおかしい。だいたいブランドものは、私のグレーの髪に似あわないのよ」

最近はわが国でも、カラー・コーディネートが人気です。気持ちをリラックスさせる暖かい色、さわやか気分を演出するグリーン系といったぐあいに、オフィスの色に注目している会社も少なくありません。そもそも色についてはフランス人は大昔からとても敏感。

十人いれば十色、眼の色や髪の色が異なる人たちなのですから、単一民族の私たちとはスタートラインからしてちがいます。金髪にはブルーが似あうし、黒髪にはルージュが似あう。お友達と自分とは髪の質も色もちがう。目の色もブルーやグリーン、濃い茶色や黒い瞳と、ひとりとして同じ色をしていないという環境で育ったフランス人と、一般的に黒髪の私たち日本人とは、しょせん同じではありません。ですからカティアだけでなくフランス人は子供のころから、色に対する感受性が高いのです。

この色合わせで一気にセンス抜群に

私たち日本人も最近では、女性だけでなく男性もほとんどの方がカラーリングをしていますね。思い思いのカラーに毛髪を染めるのは、自己表現の形として好ましいことでもあると、私は思います。ですが、道を歩いている女性たちを眺めながら、私はふっとどなたかに聞いてみたくなりました。

「あなたはご自分の髪の色に合わせて、お洋服を選んでいらっしゃいますか」

自分の髪の色にはどんな色が似あうかしらと考えている人がどのくらいいるでしょうか。

私にはどうも、みなさんがご自分の髪の色と、お召しになっている洋服や小物のコーディネートを丹念にしていらっしゃるようには思えません。少なくともメイクに凝っていらっしゃるわりにはみなさんは、自分に似あう色という意識をおもちでないのではないでしょうか。

カティアのセンスに感心し続けている私は、あるとき**洋服と小物の色の組みあわせ**について、彼女に質問してみたことがありました。

カティアだけでなくフランス人は男性も女性も、色の組みあわせがとても上手だと私は思っていたからなのです。自分の髪や眼の色に合わせて服選びをする点は納得ですが、小物選びについてはいかがでしょうか。

これについてもカティアが端的な答えをくれたのです。

「服が無地なら、髪と服で二色なので、もう一色ということになるわね。グレーの私の髪には、グレーの服が合うけれども、その場合の小物はバッグと靴が同じ色で、できたら原色がいい。グレーの髪に赤いワンピース、黒い靴とバッグもいいでしょ。

服に二色以上あるときは、その中の一色でヘアーバンドとかベルトや靴、バッグを合わせればベター」

カティアの色彩コーディネートは、いちいち納得することばかりでした。目をパリの町に転じてみますと、道ゆくパリジェンヌもパリジャンも彼女が教えてくれた通りの色づかいを実践しているではありませんか。どうりでパリっ子が、無条件にブランドに飛びつかないわけですね。

カティアだけでなくフランス人に培《つちか》われている色彩学にいたく感心した私はさらに、あることに思いいたったのです。和服の色の組みあわせの妙が、私たち日本人にはあったはずではなかったかと。

表地と裾まわしの色の組みあわせだけを研究している学者がいるそうです。はたまた、派手な模様のキモノと、もっと派手な帯の組みあわせもあるではありませんか。多彩色の、考えれば摩訶不思議な世界でありながら、その絶妙さには比類がありません。かといってキモノばかりを着ていられるような社会ではありますまい。

やはりここは、色彩の魔術師ともいえるパリっ子に学び、ブランドとはひと味ちがったセンスを磨こうではありませんか。そして外国の方と勝負しなくてはならないようなときにはここぞとばかりに、キモノの魔力を借りるという手があります。少なくとも色の組みあわせに関する限り、私たち日本女性にキモノが味方してくれるにちがいありません。

民族で、ここまでちがう「美人の基準」

日本人の好みは画一的

ブスだから、美人だからといって、これほど曖昧な話はありません。要はその方のセンスの問題で、女性の美しさほど基準がないものはないのです。

「日本人のだれもが、印象派の絵を欲しがるのは不思議ですね。ドガ、セザンヌやモネはないかと、日本人はいつもそればかりでした。ドガならバレリーナがいいというし、セザンヌならどんな作品でも売れました。モネの睡蓮、ル・ポン・ジャポネ（日本橋）や柳は、いくら出してもいいといわれました。そう、それとルノワールは、数え切れないほどの点数を売りました。

印象派がなかったら、ゴッホやピカソでもいいという注文が多かったですよ。

印象派とピカソの、両方が好きなんですかね。それにしても、日本人のお客さんのご要望は、わかりやすくて楽でした。日本人の絵画の好みなら、僕にお任せください。それにしても、あのころは、本当によかった」

わが国のバブル時代を回想して、ムッシュはいいました。

シャン・ゼリゼ通り近く、マリニー通りで長く画廊を営んでいたムッシュにとって、ジャポネほどありがたいお客はいなかったようです。クレームをつけることもなく、値切らない。彼の話を聞きながら私は、いちいちその通りと納得したのでした。

日本のバブルが弾けた時期と、年金がもらえる年齢になったことが重なったために、そのムッシュはあっさりと画廊をたたみ、奥様とふたりで南仏に移住したそうです。私が彼に会ったのは、南仏のエックス・アン・プロヴァンスという町の朝市でした。

有名画家の絵をすんなりと買っていった日本人のお客さんを懐かしみ、マルシェの果物屋さんの前で、たまたま横にいた私に話しかけてきたのでした。それにしてもムッシュがいっていた、私たち日本人の嗜好《しこう》が画一的だという話には笑えます。

ミスユニが美しいと、あなたは思いますか？

長く外国暮らしをしていますと、日本の国内にいては気がつかないことが見えてきます。そのひとつに、「日本人好み」というセンスがあります。それはムッシュの話した、絵画の趣味だけにとどまりません。女性の美醜の感覚についても、フランス人と私たちとではっきりとしたちがいがあるのです。

恒例のミス・ユニバースの栄冠に輝いた外国の女性を、あなたは、ちっともキレイではないと思ったことがあるのではないでしょうか。その反面、私たちにとっての美人もフランス人から見ると、美人ではなくなるのです。

私たちがよくいう、美人ではないけれども可愛いという表現が、フランス人好みの日本女性の典型です。海を渡ればブスも美人になりますから、美の相対性とでもいいましょうか。フランス人から見た日本美人と、日本人の私たちが美しいと思う日本女性には、正反対の月とスッポンほどのちがいがあるのです。ところが、月とスッポンのちがいの度合いをもはるかに凌駕《りょうが》してしまったのが、ブラジル人と私の美意識のちがいだったのです。

美の基準、ブラジルあたりで大逆転

かれこれ二十年近くも昔になるでしょうか。今でも真夏になるとたまに、そのリズムを耳にすることがありますが、ランバダというダンスがあるのをあなたはご存じでしょうか。サンバやサルサのように強烈なリズムに合わせて踊るランバダが、あるとき大流行したことがあります。フランス人のミュージシャンがランバダに目をつけ、カオマというグループの歌と踊りで大ブレイクしたのでした。そして懇意にしている日本の出版社の社長さんが、そのカオマのランバダに魅了されてしまったものですから、それからが大変でした。

自分の出版社で、ランバダのビデオカセットを作ろうと思い立った社長さん。よくよくお調べになった結果、ブラジルのフォークロアのランバダの世界的なヒットは、フランス的なセンスでアレンジしたからだということがわかり、急きょ私に、ビデオ制作の協力を依頼してきたのでした。東京から腕のいいプロデューサーがおひとりいらして、後はすべてパリで制作の運びになったのです。

ランバダのビデオを撮るために、まず本場ブラジル人のダンサーとバンドのメンバーを集めました。そのほかのスタッフは、ビデオカメラもサウンドもライティングもフランス人の技術者でした。

全員が一堂に会し、さあリハーサルという段になったとき、私の驚きは頂点に達したのです。どんな驚きかといいますと、女性の美醜の基準が国によって、これほどまでに異なってしまうものなのかという驚きです。日本人とフランス人の審美眼のちがいといったスケールをはるかに超えた、それは決定的なちがいだったのです。

男女それぞれに十数人のダンサーが、ランバダの生演奏に合わせて激しく全身をゆさぶって踊っていました。背骨が折れてしまうのではないかしらと、心配になるほどのけぞる女性を支える男性ダンサーたち。サルサも過激ですが、ランバダもその点では引けをとりません。音と踊りの迫力に気圧《けお》された私が、くるくる動き回る女性ダンサーの一人ひとりを眺めていたときでした。

グループのリーダー格の振付師が、こうつぶやいたのでした。

「いつ見ても、なんとマリアは美しいのだろう……」

彼がマリアと呼んだ女性を見て、私はビックリしました。試しにほかのブラジル人に聞いても、やはり彼らはマリアが最高に美しいというではありませんか。大柄で、薄いコーヒーのような色の肌に、ボリュームのあるカーリーの黒髪を肩までたらしたマリア。目が大きく、分厚い真っ赤な唇に低くて大きな鼻。グラマラスなボディーが、長くて太い首から上をしっかり支えていました。今思えば、リオのカーニバルの女王も、マリアのような女性にちがいありません。

ブラジルは私にとって、はるかに遠い国なのだと実感したのがそのときでした。ブラジルと日本の二国間にあった移民の歴史が、ともすれば私たちとかの国の距離を近いものにしているのかもしれません。ところが近いと思っていたのは錯覚で、ブラジル人と私のセンスのちがいは、これが同じ人間なのかと思ったほどなのです。

ランバダを収録していた間中、私の目は彼らの一挙一動に釘付けになっていたのです。私が美人だなと思ったダンサーの美人ランキングは、なんと最下位でした。彼女は、ブラジル人にとっては称賛に値しない、ただのダンサーだったというわけです。ちなみに彼女は色白で、こげ茶のゆるくウエーブした髪、大きな瞳に薄い唇、ツンととがった鼻。私たち日本人のだれもが、いい感じだと思うような、つまり「日本人好み」だったというわけです。

日本人の私たちとフランス人の好みがちがうように、ブラジル人とはさらにちがうように、女性の美はあくまでも相対的。民族や国民性を超えた絶対美は、この世に存在しないのです。

そのことを逆手にとって、私たちも今日からどこかの国の美人。もしかしたら私は、ラテン系美人。私もブラジルにいけば、まちがいなく美人だわ。そんなユーモアのセンスたっぷりのあなたはきっと、素敵な心美人にちがいないような気が、私にはします。

5章

今すぐ、笑顔でいっぱいになる、大人のための魔法！

――人生で、本当に「大切なもの」を逃さない！

思いやりの気持ちなくして、自由の精神なし

自由こそ、大人のシンボル

フランスの子供に、自由はありません。学校では先生の命令にしたがい、家では両親の監視下で厳しく躾られる子供たちの、なんと不自由なことでしょう。

電車の中で目の前に空席があろうと、立っている乗客がいる車内で子供は親の許可なく席に座ることはできません。パパとママはレストランで美味しいものを食べても、子供たちには栄養第一に考えられた献立だけ。たとえば、前菜はニンジンのサラダ、メインがポテトを添えたビフテクアッシュという挽肉料理。子供たちが楽しみにしているデザートにしても、ヨーグルトかバニラアイスクリームがせいぜいです。

規則と躾と栄養一辺倒の食事でがんじがらめの子供たちが、四時半の下校時間になり、学校の帰り道に近くの公園で羽を伸ばすときだけ、彼らに自由（リベルテ＝liberté）が許されるのです。ですから子供たちのだれもが、一日でも早く大人になりたいと願う。晴れて大人になれば、食べたいものを好きな時間に自由に食べ、いきたいところに自由にいける。フランスの子供たちにとって自由こそ、大人のシンボルなのです。

フランスの三色旗でも、まずはブルーのリベルテ、自由です。三色旗といえば、自由の次に白色の平等と赤色の博愛がきます。大人としての自覚のもとに、自分の意思のおもむくままに行動できる自由、とでもいったらいいでしょうか。身につけるものにしても服装にしても、お仕着せの制服なんてまっぴら。私たちには、好きな服を着る自由があるのだからというわけです。

自由を尊重するわりにはパリの高級レストランは堅苦しく、自由さとかけ離れていると、あなたはおっしゃるかもしれません。ドレスコードがあるレストランにはたして、自由があるのかしらとも。

そこでフランスのグルメ雑誌で名の知れたマーガレット女史に、その点について聞いてみました。

パリに長く住んでいるアメリカ人の彼女ならではの、フランスの高級レストランの堅苦しさと大人たちが謳歌する自由についての意見をもっているのではないでしょうか。

自由と権利と義務、三つ巴の魅力

「ニューヨークに建っている『自由の女神』の像が、フランスからプレゼントされたというのはご存じでしょう。アメリカ人の私にとってフランスは、絶対的に自由の国よ。多くのアメリカ人作家が、パリに憧れる理由がわかります、私もそうですから。

たとえばフランス人は、隣人の主張に必ず耳を傾けます。隣人の意見が非常識でも、まちがっていても、ひとまずは相手にも主張する自由があると彼らは考える。それは人間である以上、だれもが同等に認められるべきだとうたった

『人権宣言』の趣旨でもあります。

そしてだれでもが一応、相手の発言の自由を尊重します。相手の主張がちがっていたり、どう考えても非常識だったりということになったときにはじめて、ノーを出す。私はこれが、フランス人の最大の美徳だと思っています。

私は、一般論というのが大嫌いなのですが、強いていえばアメリカ人にはそれがない。自分の属すクラスの人たちの意見には耳を傾けますが、無力な人たちの意見を概して聞かない。相手の人権を尊重する前に、相手の身分を聞く。

もちろん人種差別はご法度ですが、彼らには暗黙の了解事項としてそれがある。アメリカに住んでいる両親がパリにきて、ものすごく驚いたことがあります。メトロに貼ってあるセミヌードのポスターにも驚きましたが、黒人の女性と腕を組んでいるフランス人が多いことにね。だからジャズマンのだれもが、フランスにきたがるのではないかと思います。

ところで、質問は、なんだったかしら。自由だといいながら、フランスの有名レストランが堅苦しいのはどうしてかという質問のようですが、それも同じこと。自分の家の中ならどんな格好をしても自由ですから、朝から晩まで裸でいてもいい。人の通らない山の中なら、どんな格好でもかまわない。山奥なら、警官はきませんから。でも、道や広場を裸で歩いたり、汚くて臭うような服を着ているのは勝手ですが、警官に捕まる。体を清潔に保っている人に、臭さは迷惑だからやめろといわれる。臭い服のまま、裸のまま歩きたいのなら、だれもいない山奥にいってくれというわけです。高級レストランもそれと同じこと。ジーンズでいたいなら高級レストランにこないで、町中を歩いていることです。

レストラン側はお客のために吟味した食材を仕入れ、料理人たちは腕によりをかけて料理をこしらえる。すばらしい室内で、完璧なサービスを目指すソムリエやギャルソンがいる。食べる側にしても、なん日も前から席の予約をして、その晩のパートナーもすでに決まっているはずです。となれば私たち女性は、誠心誠意を込めておしゃれしてレストランに出かけることが、ベストなわけです。ご馳走になるにしてもご馳走するにしても、相手の男性は食事に満足して、そしてあなたに満足する。自分以外の人の気持ちを思いやるのが、本当のエレガンスではないでしょうか。

ソムリエやギャルソンも、自分たちのレストランにすばらしいカップルがきてくれたことを心から喜ぶ。挨拶のために客席を回るシェフにしても、美しく装ったマダムと、彼女をエスコートするムッシュの満足する顔を眺めて安心する。

私たちはアカデミー賞や、セザール賞の授賞式に臨む俳優ではないのですから、着飾る必要はありません。でも、レストランという限られた空間で、だれもが華やいだ気分を味わいたいと思っている中で、もし粗末なふだん着のままの人がいたら、ガッカリするでしょう。

だれがガッカリするかといって、その晩のためにおしゃれをしてきているほかのテーブルのお客たち、ソムリエやギャルソンもそうですし、シェフも残念に思うでしょう。そこには、お金を払えばなにを着ていこうと自由じゃないかという理屈は通りません。汚いなりで高級レストランにきても、門前払いですよというわけです。

だれだって、精一杯おしゃれをした人たちを見ながら食事したいですもの。なにを着ても自由ですが、他人に不快感を起こさせる権利は、だれにもない。それにレストランは公共施設ではありませんから、不都合な客を締め出す権利があります。最初から男性にネクタイと上着を義務づけることは、そうしないと食べさせてもらえないからではなく、そうすることで全員が安らいだ気持ちで食事ができるからなのです」

時には、こんなときめきを

他人のために、わざわざおしゃれするくらいならラーメンでもいいと、あなたはおっしゃるかもしれません。でも一度、おめかししてフレンチにいってみてはいかがですか。ご主人や恋人と、ラーメンや餃子を食べているときとちがったときめきを、きっと感じるはずです。

相乗効果というか、隣のテーブルのカップルが醸し出す、ちょっと気どった雰囲気があなた方に伝染し、やがて店内がおしゃれな空気で満たされるのです。

後は、食事に堅苦しいことはいいっこなし。ナイフがコロンとお皿から落ちようが、フォークだけでサラダを食べようが、だれに遠慮がいるものですか。

聖職をまっとうする教師に、心からの敬意を

貧乏父さんの、どこがいけないの？

お金がないことが、不幸なのではない。お金がないから悲しいと思うことが、不幸のはじまりなのです。お金、お金、と私たち日本人は二言目にはお金というけれど、お金がなんだと声を大にしていう、私のような人間がたまにいてもいいと思います。

数年前に、お金がある父親がよくて、お金のない父親はダメだといった内容の翻訳本が売れたようです。参考までに私も買ってしまいましたが、その本を読んで私は、とてもアメリカ的な発想だと思ったものです。というのも、フランス人はまず、人間の価値をお金で計ったりしません。フランス人ならきっと、

「貧乏父さんの、どこが悪い」ということになるでしょう。

周りから少数派だといわれようと私は、お金があるということに価値をまったく認めない人間です。人と人が出会い、心を通わせあい、信頼関係を築くときに、お金は介在しません。おたがいの懐ぐあいを忖度《そんたく》するなどと卑しいことは本来、良識のある人のすることではありません。

お嬢様になりたい娘さんがいて、エレガントなマダムになりたい女性がいたらまず、そこのところをはきちがえないでいただきたいものだと、私は思います。全身からお金のにおいをプンプンさせているような女性に、魅力的な人がいるはずがないですもの。

そんな価値観を私に植え付けてくれたのが、二十年間のパリ生活でした。フランスで、もしもだれかが、「あの方、お金持ちなのよ」といったとしたら、そばでそれを聞いた人がいう言葉は、これ以外にありません。

「エ・アロール（Et alors ?）」

つまり、「だから、なんなの？」

彼が、彼女がお金持ちだからといって、だからなんなのかしら。そんなこと、彼らを評価する基準になんかならないと、フランス人のだれもがそういうにちがいありません。

チャールズ・ディケンズの『クリスマス・キャロル』という小説をご存じでしょうか。

簡単に申し上げると、舞台は十九世紀半ばのこと。町一番の富をもつスクルージ爺さんは、ものすごく吝嗇《りんしょく》で、どうしようもなく頑固で偏屈で冷血漢でした。スクルージ爺さんがクリスマスを目前にした晩、悲惨な死を遂げることになる自らが主人公の幻想を見ておののき、改心する物語です。血も涙もないスクルージ爺さんにも、宗教心が残っていたというのは救いでした。

ディケンズは一八七〇年に亡くなっていますから、今の世の中には通用しないといわれるかもしれませんが、私はこの小説が好きです。日本の上空にも、スクルージ爺さんを脅かし、改心させたような幽霊がいたらいいと、私は本気で思ったりもします。

お金が欲しければ民間企業へ

聖書に「貧しきものは幸いなり」という一文があります。

私はクリスチャンではありませんが、フランス人の心の奥にはいつも、お金があることが幸せにつながらないとする気持ちがあります。むしろお金がないことが善になるような、そんな彼らの心意気に惹かれます。

年になん度か娘を連れて訪れた、パスカル家の人たちが私に、そうしたフランス人のとりえをまたひとつ教えてくれたのでした。

パリから北東に四十キロほど離れた町にサンリスという、とても古い町があります。パリのノートル・ダム寺院よりも十年ほど早くできたゴシック様式の端正なカテドラルがある、すばらしく美しい町です。ヴェルサイユ宮殿の貴族趣味とはまったく趣を異にする、燻《いぶ》し銀の光をたたえているサンリスの町。町の南に流れるノネット川に沿ってしばらくいくと、パスカル一家が住んでいる堅牢な石造りの建物があるのでした。

パスカル家の人たちは、私が心から寛いでおしゃべりを楽しめる人たちです。

フランスで生まれ育ち、すでに成人している私の娘にいわせると、今どき、彼らほどマジメな人たちも珍しい、ということになるようです。だからなおさら、彼らと一緒にいると心安らぐような気がするのです。

パスカル家の先祖がサンリスに住みはじめたのは、フランス革命のころとか。今はご主人のジュリアンと奥さんのルイーズの、六十代前半のご夫婦のふたり暮らしです。私たちが訪れることになっていた日には、ご自分で編んだセーターやスカートに着替えてくださっていたルイーズ。そしていつも、パリ周辺やサンリスの町なかに住んでいる子供さんや従兄弟たちも合流したものです。ですから日本に帰ってからも、私たち母娘にとってパスカル家というと、いつも決まって大家族のイメージなのです。

パスカル家の人たちに学校の先生をしている方が多かったのも、私が彼ら家族に親しみを感じた理由です。ジュリアンもルイーズも、私たちが知りあったころは現役でしたが、今は退職してご隠居さんの身分。ご主人は長く校長先生でしたが、息子さんも娘さんも、ご両親と同じ職業の学校の先生。

夫も私も日本人ですから、パリに住んでいても家庭内では日本語しか話していませんでした。幼い娘に母親の私のハチャメチャなフランス語を聞かせるくらいなら、いっそのこと家では徹底して日本語で通し、学校という外の世界で正確なフランス語を叩き込んでいただいたほうが、彼女のためになると私たちが判断したからです。たとえフランス語が堪能だったとしても、しょせんは外国人が話すフランス語にすぎません。もしも私が、仏文の大学教授並にフランス語ができたとしても、やはり家庭内で娘に向かってフランス語を使うことはなかったでしょう。

そんな娘の言語環境を、パスカル家の人たちはよく理解してくださいました。フランスで、外国人の両親のもとで育つ子供が、いったいどんなフランス語を話すのだろうかという素朴な興味が、彼らに少なからずあったのかもしれません。

話が逸れてしまったので、元に戻しますと、そんなパスカル家の人たちが私に、生きる美学を教えてくれたのです。

フランスでは学校の先生は、貧乏インテリの代表です。とくにアグレジェという、上級教員資格者になるのは並大抵のことではありません。アグレジェになれるくらいの知識と教養の持ち主なら小学校の先生にならず、民間企業に就職すればいいのに。そう思う人たちの気持ちがやがて、学校の先生への尊敬の念に変わるといったら、アグレジェに対するフランス人の評価が、おわかりいただけるのではないでしょうか。

つまり、フランスの場合、能力のわりに報われないと衆人が認めるのが、小・中・高の学校の先生なのです。具体的に申し上げますと、お給料がとても安いからなのです。

だいぶ昔の比較になりますが、娘が通っていた小学校の五十歳の校長先生のお給料は、日本の場合なら三十代の先生のそれとほぼ同額でした。

つまり多くのフランス人は、口にこそ出しませんが、心では薄給に甘んじる教養人に同情し、子供の教育に情熱をよせる先生に感謝の気持ちを忘れません。お給料、つまりお金が目的でないことが明白な彼らに、心から敬意を払うことになるのです。世の中がどう変わろうとも、フランスの小・中・高の学校の先生は、聖職の域を外れることはないでしょう。

本物の「品格」は、こうしてつくられる

苦しみの中で微笑みを忘れなかった「サガン」

フランスには古くから、ノブレス・オブリージュ（noblesse oblige）という言葉があります。高貴なる者の義務とでも訳せばいいでしょうか。ここでいう高貴なる者が、この本でくり返し申し上げているエレガントな人のことだと、私には思えます。

ちょうどこれを書いている私の目に、フランス語の一行が飛び込んできました。それはフランスでもっとも知られる週刊誌『パリ・マッチ』に載っていた、フランソワーズ・サガンの追悼特集にあった小見出しでした。

サガンといえば、十八歳で『悲しみよこんにちは』を書き、華々しく文壇デ

ビューを飾った、早熟な小説家です。ブルジョワ家庭に生まれ育ち、初期のころは小悪魔的な雰囲気が彼女の魅力でした。ファンのひとりとして私は、フランスの週刊誌の記事を貪るように読んだのでした。そして見つけたのが、この一行でした。

どんなに苦しいときでもサガンは、相手に微笑みのエレガンスを忘れなかった。

私の意訳をまじえると、こんな小見出しになります。病床に臥しながらも、笑顔を絶やさなかったサガンもまた、高貴な者としての義務をまっとうしたというわけです。

上品、優雅、端麗という言葉に訳されるエレガンスですが、それは女性の外見や物腰ばかりを指して使われるとは限りません。人と人のすれちがいや出会いの第一印象は、容姿とか服装とか、持ちものなどが視覚に訴えるのはたしかです。ですから私たちはだれが見ても感じがいいと思うような、エレガントな女性になりたいと願うわけです。

ところが次が肝心な点で、晩年のサガンが評されているような、なにがあっても笑顔を絶やさず、一緒にいる人をつつみ込むような寛容な精神を保つことも、エレガントな女性にとって必須要素なのです。寛容という意味のトレランスという言葉は私がもっとも好きな単語でもあります。

そうしたプラトニックな意味でエレガンスのオーラを発する女性を私のフランスの交遊録から探してみました。そして思い当たったのが、マダム・ド・ロワゾーその人でした。

フランスでは苗字の前にドがあると、貴族の家柄だといわれています。フランス革命で貴族制は廃止になったとはいえ、フランス人は名前と苗字のあいだにドがある方々の中に、高貴な家柄の末裔を垣間見ます。とはいえマダム・ド・ロワゾーの場合は、決して高貴さゆえの寛容さだけではありませんでした。マダム・ド・ロワゾーとの最初の出会いは、仕事がらみ。パリに住みながら私は、フランスの地方の魅力の虜になっていました。洗練されたパリの料理にも捨てがたいものがありますが、フランス版おふくろの味ともいえる郷土料理に多大な好奇心をそそられたのです。学生時代に好きだった科目が、西洋史と地理ということもあり、フランスの地方への興味は料理にとどまらず、それぞれの地方に暮らす人たちの生活様式や風俗に、ぐんぐん惹かれていったのです。

そんな私がブルゴーニュ地方について調べているときに、ディジョンの観光局の女性を介して紹介されたのが、マダム・ド・ロワゾーだったのです。

世にも穏やかな慈愛に満ちた人

はじめてお目にかかったときのマダムから醸し出されるオーラを、エレガンスといわずして、なんといいましょう。一九〇〇年のパリ万博のころに大流行した、建物の屋根の一部をガラス張りにした優雅な建築様式のサロンにたたずむ彼女は、全身から気品が滲み出ていたのはもちろんですが、それだけではありませんでした。

後にも先にも、日本でもフランスでも私は、マダムほど寛容な女性に会ったことがありません。マダムほど、一緒にいる人たちの気持ちを穏やかにしてしまう女性に、会ったことがありません。マダムの眼差しには私たちへの慈愛が満ちあふれ、言葉のはしばしに包容力が隠されているのでした。

大切な人の心を癒す「大丈夫よ！」

パリから三百二十キロも離れた、ニュイ・サン・ジョルジュ村の入り口近くに、マダムのお宅がありました。残念ながら数年前にマダムは他界され、現在は当時から同居していらした姪御さんがお住みのはずです。

もしもあなたが、ニュイ・サン・ジョルジュという地名を聞いて、ブルゴーニュを代表するワインもあるではないかとお思いになったとしたら、あなたはかなりのワイン通。それはなで肩のボトルの、しっかりとコクのある高級ワインなのです。

マダムに案内されて下りた地下のカーブで、なん十年も眠っている樽に耳をつけて聞いたワインのささやきを、今でも私の耳は覚えています。そして、こうしているあいだもマダムがいっていらしたこの言葉が、聞こえてくるようです。

「Ce n'est pas grave」（ス・ネ・パ・グラーヴ）、短縮して「セ・パ・グラーヴ」というのが、マダムの口癖でした。直訳すると、「それは大したことではありません」、ですが、意訳すれば「大丈夫よ」。

なにがあっても、お得意の「大丈夫よ」の一言で、マダムはその場に居あわせた人たちの緊張をほぐす天才でした。かといって神にご加護を願うようなことは、マダムにはありません。たとえばこんなときにマダムの、「大丈夫よ」の一言が出るのです。

ワイン王国フランスの中でもとりわけ、ボルドーと双璧をなすブルゴーニュ地方のこと。毎年のワインの作柄こそ、土地の人たちにとっては最大の関心事にほかなりません。枝に若芽が出るころの霜は、ブドウの成長に大打撃。ですから霜害が危惧されるとブドウの作り手たちは、夜を徹して畑に火を燃やして煙幕を張り、温度を保ちます。葉が育ち、花が咲き、細かな実がなるころになるとまた、次なる心配で人々は一喜一憂。その時期に大雨にたたられては、せっかくついた実が落ちてしまいます。

そして人々がもっとも神経をとがらせるのが、収穫期の長雨です。降り続く雨が、それまで丹精込めて育てたブドウを台なしにしてしまうからです。霜が下りた、雨が降り過ぎるといってはパニックになる土地の人たちに、マダムは、過去なん十年にもわたって「大丈夫よ」の笑顔で、彼らの心配を払いのけていたのです。なにをするにも慎重な上にも慎重なマダムがおっしゃるからこそだれもが、彼女の口から出る「大丈夫よ」の一言を聞いて、心休まるのでした。

「大丈夫ですよ。今までにも私たちは、夏に降った雹《ひょう》に怯えたでしょう。古くはフィロキセラ害虫で、ブドウの木が壊滅状態になったではありませんか。雨ばかりで、ブドウの房が大きくならなかったこともありました。そのたびに私たちは、未曾有《みぞう》の凶作におののいたのです。でも、考えてもごらんなさい。私たちは今も、先祖が大切にしていたブドウの木を、こうして育て続けているのですよ。

雨が降らないといっては悲嘆にくれ、雨が降り続き過ぎるといっては絶望する。それでも私たちは、ブドウ栽培農家として、今までやってきました。今まで続いてきたということは、この先も続けられるということにほかなりません。大丈夫ですよ、ご安心なさい。立派なワインを作り続けているのは、あなたたなのですよ」


マダムの言葉で、ニュイ村の人たちがどれだけ救われたでしょう。たとえ内心では、ブドウの作柄をだれよりも心配していらっしゃろうとも、絶対に口には出さなかったマダム。

そんなマダムは村人たちの誇りでした。村人たちだけでなく、マダム・ド・ロワゾーと出会ってから今日まで彼女は、私にとっても鎮守様のような存在です。

どうしようと頭を抱えるような難題にぶつかるといつも私は、マダムの「セ・パ・グラーヴ」を思い出すことにしています。おかげで私は、少々のことがあっても慌てることはありません。

私が慌ててとり乱そうものなら、まず夫の気持ちが動転します。連鎖反応は娘に移り、彼女まで危機感をもつことにもなってしまいます。ですから私はことあるごとに自ら、「セ・パ・グラーヴ」とこっそりつぶやき、ニッコリ笑うコツを覚えたのです。

私の中のその言葉が、心のエレガンスを教えてくださったマダムの思い出でもあるのです。そして私が一番好きなワインも当然、ニュイ・サン・ジョルジュ。

第三の人生のスタートを祝おう

フランス人になった、日本のオジサン

「僕、フランス人になったから……」

ある日、そういって友人が電話をかけてきました。以前、仕事をした出版社のベテラン男性編集者の声を聞いたのは久しぶり。フランス人になったという彼にはなんの疑いもなく、こう答えました。

「アーッ、そうなの。よかったじゃない」

以前、仕事でご一緒したことがある編集者のIさんが、定年を機に生まれ育った山梨に戻り、田舎生活に踏み切りました。趣味の陶芸のために庭先に窯を作り、野菜畑を耕し、自然の中で暮らそうとご夫婦は決心したそうです。

その話を聞いて私は、郷里のある人ならではの選択に羨ましさを禁じえませんでした。そして受話器を置きながら、なにもふるさとのある人を羨ましがらなくても、田舎暮らしはできると思ったのです。

パリやリヨンなどの大都市で働くフランス人の多くは、定年を迎え年金生活に入ると、田舎暮らしをはじめます。現役を引退した彼らのことを称して第三世代と呼んでいますが、彼らのライフスタイルを専門にあつかう雑誌や書籍がこの数年、フランスでもふえています。

なにしろ先進国のベビーブーマーたちが、いっせいにご隠居さんになるのですから大変です。

私の身辺のその世代の人たちも次々、退職後の生活設計を練りはじめているようです。田舎暮らしを決意するのは、フランス人だけではありません。私たちの場合のUターンがそれです。ところが都会生活を経験した人たちが出身地に戻って暮らすことを、パートナーの片割れの奥さんが阻んでいるケースが多いのには驚きです。先のIさんの場合は、退職後のご夫婦が望むライフスタイルが一致していた点は、とてもラッキーだったといえそうです。

パリ生活を切り上げ、大自然の南仏へ

晴れて迎える定年の日を、フランス人はお祭り気分で待ちわびています。その日こそ彼らにとって、第三の人生開幕の輝かしい日にほかなりません。つい最近、東京のわが家の郵便受けに届いていた、転居通知の差出人のキャヴァリエ夫妻もそうした人たちです。退職後はミディと呼ばれている南部フランスでのんびりと余生を楽しむというのが、フランス人のだれもが理想とする老後です。キャヴァリエ夫妻も例外ではなく、あっさりとパリ生活をたたんで、おふたりで南に下ったのでした。

定年後は再就職し、元気なうちは働くなどといったら、なんのための人生かと彼らは驚くにちがいありません。フランス人はだれでも人生、元気なうちが花とばかりに、年金生活の気楽さを謳歌。

キャヴァリエ夫妻はユネスコの世界遺産に指定されている、ローマ時代の大

水道橋があるニームから五十キロほど離れたアレスという町から、さらに二十キロほど山奥に入った村に家を買いました。石を積み上げただけの素朴な建物の前で、愛犬のボス君と微笑んでいる夫妻の写真が、転居通知の手紙に同封されています。

ボンジュール、親愛なるわが友へ

私たちはこの夏、パリからサン・ティレール村に引っ越しました。大自然と共にある毎日が、パリでの生活を忘れさせてくれます。ラングドック地方の山々に囲まれた静かな村の生活が、妻のクローディアも私もとても気に入っています。

毎朝、五時に起きて正午まで家の前の土地を耕すのが、私の日課。耕した土地に新たに、ブドウの苗を植えていますから、数年したらワインもできるはずです。ニワトリも飼いはじめましたが、キツネが出没するので警報機をつけました。被害が大きいこともあり、秋の狩猟が解禁になった暁には村人たちと、山に狩に出かける予定です。クローディアは夏のあいだ、野生のラベンダーの収穫に忙しくしています。納屋で乾かしてから組合の機械を借りて、ラベンダーオイルを抽出したいといっています。

週に一度の割合で、アレスの町に出かけます。私が町の仲間たちとペタンクをしているあいだ、クローディアは小学校の図書館に手伝いにいくことにしています。来年のペタンク競技会に出場するために練習中ですが、アレスのチームは強豪ぞろい。とても代表選手にはなれそうもありません。

東京と京都を訪れるのが、私たち夫婦の夢です。サン・ティレールでの生活が落ち着いたら、日本旅行を実現したいと思っています。その前に一度、僕が作ったワインと、クローディアが挑戦しているラベンダーのリキュールを飲みにいらしてください。

それではくれぐれも、ご家族のみなさまのご健康をお祈りして。

ご主人の名前はアントニー。現役時代の彼は、大手銀行の監査役。フランス全土だけでなく、フランス海外県にある支店も、彼のテリトリーでした。フランスの会社では、経理担当で入社した人が営業や人事に異動するということはまずありません。アントニーも社会人になってから職場はなん社か変わりましたが、そのつど職種はいつも財務管理一筋。

マダムのクローディアは彼よりも年上だったので、その分だけ早く定年を迎えました。ですからアントニーの退職の日まで彼女は、ご夫婦が住んでいたパリの五区で開設している無料の社会人講座に通い、田舎暮らしに役立つ技術講座を受講したのです。

アレスの町の小学校でクローディアがしている手伝いというのが、それです。背表紙がとれたり、落丁などの本の修復を教わったのも、彼らが住んでいたパンテオンの近くの区役所でのことでした。私も彼女と一緒に講習会に参加したことがあるのですが、本の修復のほかに、クローディアは隔週でティサージュという織物教室にも通っていました。そして本の修復よりも、ティサージュがとても得意だったのです。そして当時から彼女はこういっていました。田舎で暮らすようになったら土地の女性たちと一緒に、草木で染めた織り糸でティサージュをしたいと。彼女はこの本の中ほどにご登場いただいた、黄ばんだ白いTシャツを真紅に染めたマダムでもあります。

生まれて学校を卒業し、社会人になるまでを第一世代。仕事をしながら結婚し、子供を育て終え退職するまでを第二世代。簡単にいえば年金生活者が、第三世代ということになります。第三世代はつまり、フランス人にとってはのんびりゆとりの世代なのです。ですから年金で暮らせるように、なるべくお金がかからないような生活に切り替えるわけです。

物価が高く、暖房費のかかる冬が長いパリにさよならして、野菜や果物くらいは自給自足ができ、冬でもストーブのいらない南仏に移住。それまで眠っていたフランス人の農民気質が全開になるのも、そのときなのです。

土に親しみ、大自然の恵みを享受し、趣味に生きる。そしてたまには、だれかの役に立つことをする。生涯現役もたしかに魅力的ですが、クローディアとアントニーのような田舎生活にも、最近の私は強く惹かれます。ゆとりにつつまれて質素に暮らす、晴耕雨読の毎日もいいなと。

私のほかにも、老後はフランス人になってもいいとお考えの方が、みなさんの中でもふえているのではないでしょうか。

（了）

本書は、河出書房新社より刊行された『フランス人がお金を使わなくてもエレガントな理由《わけ》』を、文庫収録にあたり加筆・改筆・再編集のうえ、改題したものです。

吉村葉子（よしむら・ようこ）
1952年神奈川県藤沢市生まれ。立教大学経済学部卒業。20年間のパリ滞在を通じ、フランスおよびヨーロッパ全域を対象に取材、執筆を続ける。よりよい生き方を提案する著作が大好評。日常生活に根ざしたエッセイや男女の愛を語る小説や翻訳物も人気。
日本家政学会食文化研究部会会員。主な著書に、『パリ20区物語』『恋愛上手なパリジェンヌに学ぶ「愛されるヒント」』『少しのお金で優雅に生きる方法』『お金がなくても平気なフランス人　お金があっても不安な日本人』『フランスの田舎町―芸術家たちが愛した風景』などがある。
http://www.yokoyoshimura.com

知的生きかた文庫

贅沢《ぜいたく》を味《あじ》わい質素《しっそ》も楽《たの》しむ

著　者　吉村葉子《よしむらようこ》
発行者　押鐘太陽
発行所　株式会社三笠書房
郵便番号一〇二―〇〇七二
東京都千代田区飯田橋三―三―一
電話〇三―五二二六―五七三四〈営業部〉
〇三―五二二六―五七三一〈編集部〉
http://www.mikasashobo.co.jp
印刷　誠宏印刷
製本　若林製本工場

ISBN978-4-8379-7870-1 C0130
落丁・乱丁本は当社にてお取替えいたします。
定価・発行日はカバーに表示してあります。

知的生きかた文庫
わたしの時間
シリーズ

あなたはお金が貯まらないA子さん？上手に使うB子さん？

デボラ・ナッキー【著】／田丸美寿々【訳】

＊「マネー・センス」が身につけばお金は自然に貯まっていく！

夢をかなえる、チャンスをつかむ——全米ベストセラーの「お金の教科書」が日本の読者を〝ワンランク・アップ〟の素敵な人生へナビゲート！

女が28歳までに考えておきたいこと

伊東　明

＊恋愛、結婚、時間の使い方、人間関係、仕事、美容、自分磨き、健康……

あなたの〝未来のハッピー度〟を10倍アップするガイドブック！「あの人、素敵だね」と言われる〝存在感のある女性〟になるコツ、満載！

女性が28歳までに知っておきたいお金の貯め方

中村芳子

＊年収250万円、貯金ゼロでも、ムリなく5800万円貯められます！

仕事、結婚、出産、住まい、老後、ふやし方、使い方、備え方……お金の基本から〝幸せになる生き方〟まで、スッキリわかる！　一生お金に困らない！

C30056

知的生きかた文庫
わたしの時間シリーズ

24時間がもっともっと充実します!

海原純子の「元気な私」になれる本

海原純子

＊この本は極上のサプリメントです!

自分に自信がもてなくて、ツライナアと思う時が誰にでもある。そんな時は、花を生けてみる、新しい料理に挑戦してみる、心にシャワーをかけてみる……ほら、ほんの少しのことで〝いい気分〟がみるみる充満してきます!

素敵な女性の〝自分を磨く〟一日24時間

井上和子

＊向上心のある魅力的女性は24時間をこう使う!

あなたの体形、知性、体・心の健康状態、仕事の能率……は毎日のこんな気のつかい方・磨き方でもっともっと見違えるほどよくなっていくのです。

読むだけでたくさん「奇跡」が起こる本

吉元由美

＊3秒後、あなたを元気にする魔法!
幸運を受けとる準備、できていますか?

「そうだったのか!」……気づいた瞬間、変わる!☆魅力☆強運☆出会い☆恋☆結婚☆チャンス☆才能——運を味方にする方法は驚くほどシンプル!

C3055